AF375276

Hugo Mota

DESENCANTOS DE AMOR

Para os filhotes

FICHA TÉCNICA

Título: Desencantos de Amor

Autor: Hugo Mota

ISBN: 978-989-98871-8-3

Depósito Legal: 495563/22

Edição: NoTag 2022

Copyright© 2022 | NoTag

Nenhuma parte desta publicação poderá ser reproduzida, no todo ou em parte, sob qualquer forma ou meio, seja electrónico, mecânico, de fotocópia, de gravação ou outros sem autorização prévia por escrito do autor.

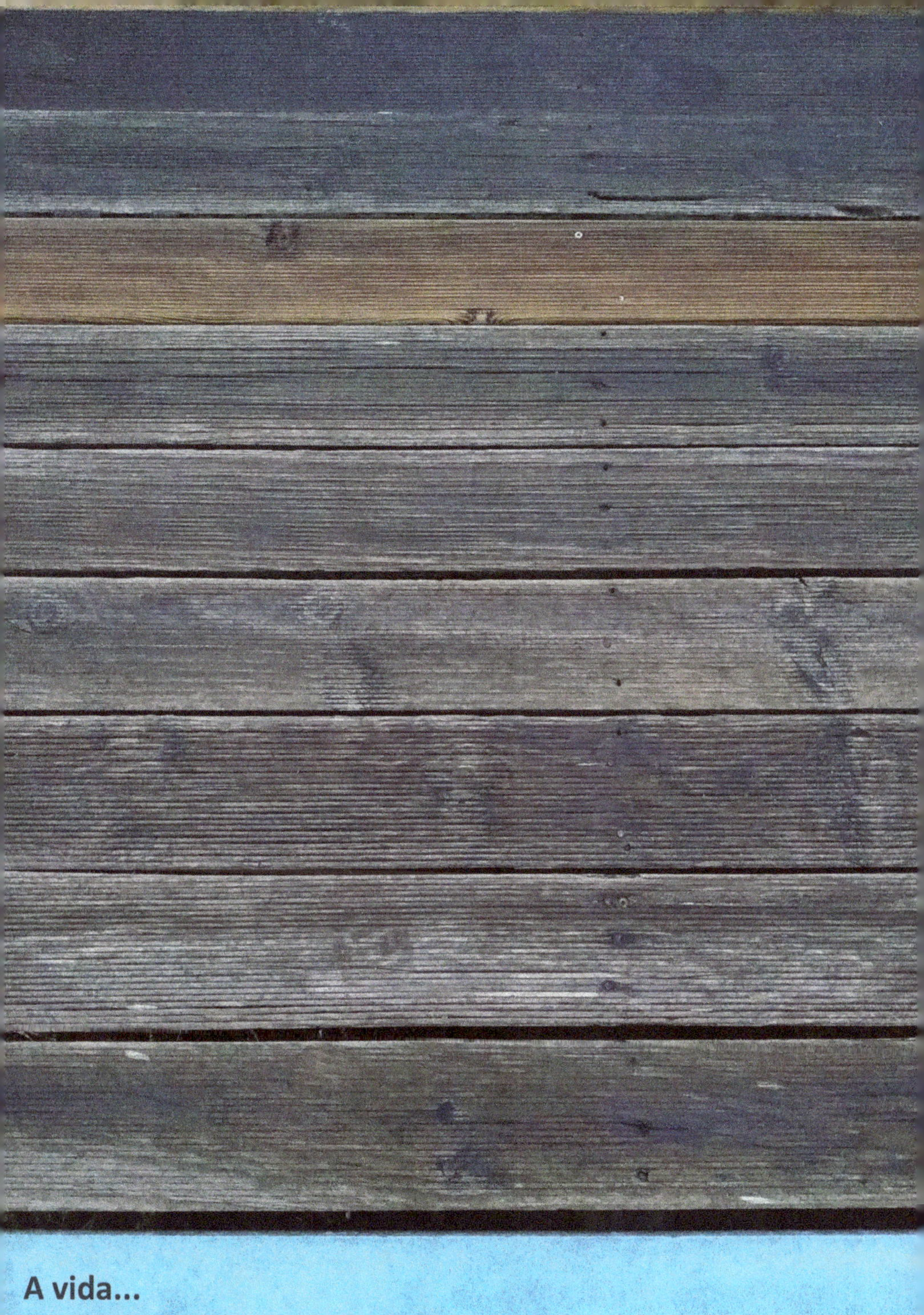

A vida...
Uma eterna tábua de partida,
sem nunca conhecermos a chegada...

Culpas

Algo comum que nos passa
pela mente nestes momentos,
é a demanda por culpados.

Eu.
Ela.
Deus.
O Diabo.
O Cupido.
A Sorte.
O Azar.
O Sol.
A Chuva.
O tempo.
Os afazeres.
O dinheiro.
A distância.
A vida.
Todos.
Ninguém.

É uma temática onde nunca irá
existir unanimidade.
Nem na cabeça, coração, alma,
nem entre os amigos com quem
partilhamos as nossas desventuras.

Culpados são todos os que não
tiveram a arte de saber cuidar
e fazer florescer a beleza do amor.
Inocentes são todos
os que se viram apanhados
no mais poderoso maremoto
de emoções.

Chega a ser insuportável aquele
bichinho que zumbe dentro de nós,
austero e inflexível com os nossos
erros, mesmo que, por mais que
olhemos para trás, não vejamos
nenhum. Por mais que olhemos
para trás, só vejamos a pureza e
dedicação na nossa entrega.

Creio que a versão mais válida, é a
de que o destino é mesmo assim.
Não temos de carregar o estigma
da incompetência eternamente.
Talvez devêssemos ser mais
brandos connosco próprios
e aceitar que, por razões que nos
escapam, e às quais somos alheios,
o destino simplesmente não parou
na nossa paragem.

Injustamente.
Desmazeladamente.
Incompetentemente.
Criminosamente.

Mas a vida é mesmo assim.
Lutamos por ela, contra ela,
mas aqui e ali, ela vence-nos.
Claramente.
Sem hipóteses.

A vida é ingrata.
Vence-nos, mesmo sabendo nós
que éramos os melhores.

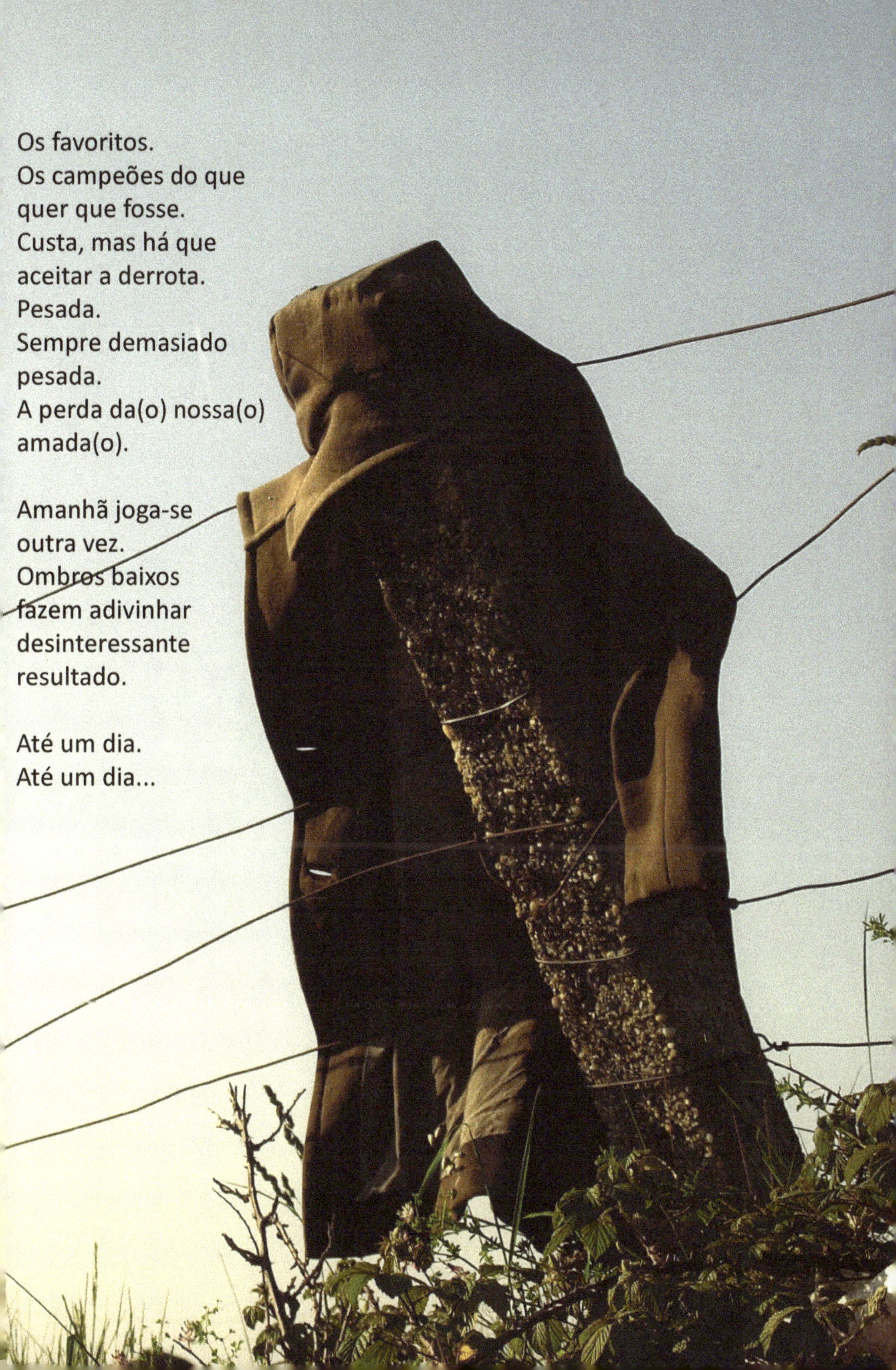

Os favoritos.
Os campeões do que
quer que fosse.
Custa, mas há que
aceitar a derrota.
Pesada.
Sempre demasiado
pesada.
A perda da(o) nossa(o)
amada(o).

Amanhã joga-se
outra vez.
Ombros baixos
fazem adivinhar
desinteressante
resultado.

Até um dia.
Até um dia...

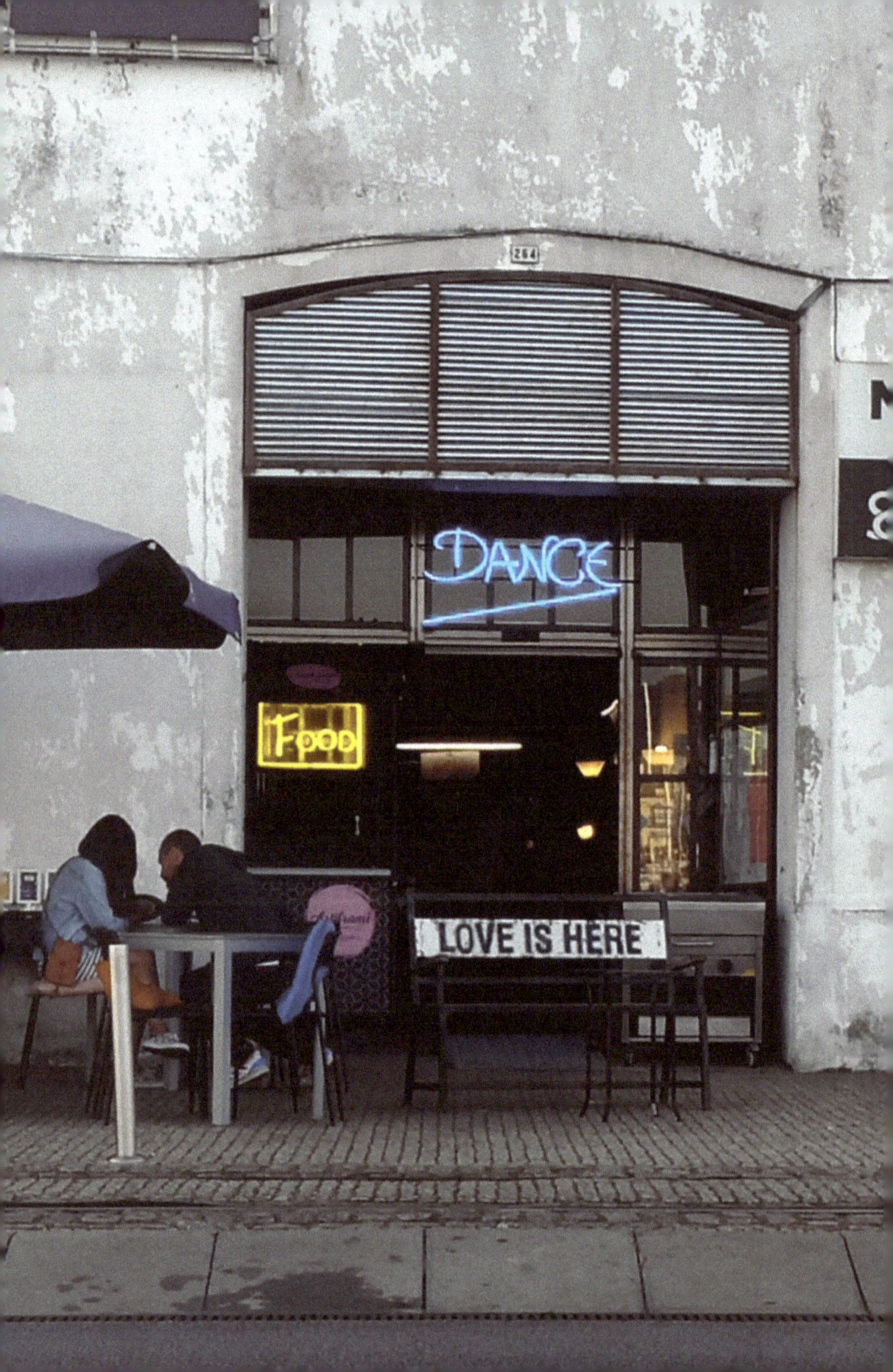
DANCE
Food
LOVE IS HERE

Tempo

O tempo passa, mas a dor continua lá.

Intensa.

Omnipresente.

Sentimo-nos párias.
Abandonados na nossa dor.
Por muitos milhões de irmãos de dor que existam neste momento,
mundo fora, a nossa é sempre única.

A mais dolorosa de todas.

Por mais frases feitas que leiamos, por muitas histórias,
por muita coragem que por vezes assumamos,
nada aplaca este sentimento.

Dor.

Maldito Amor.

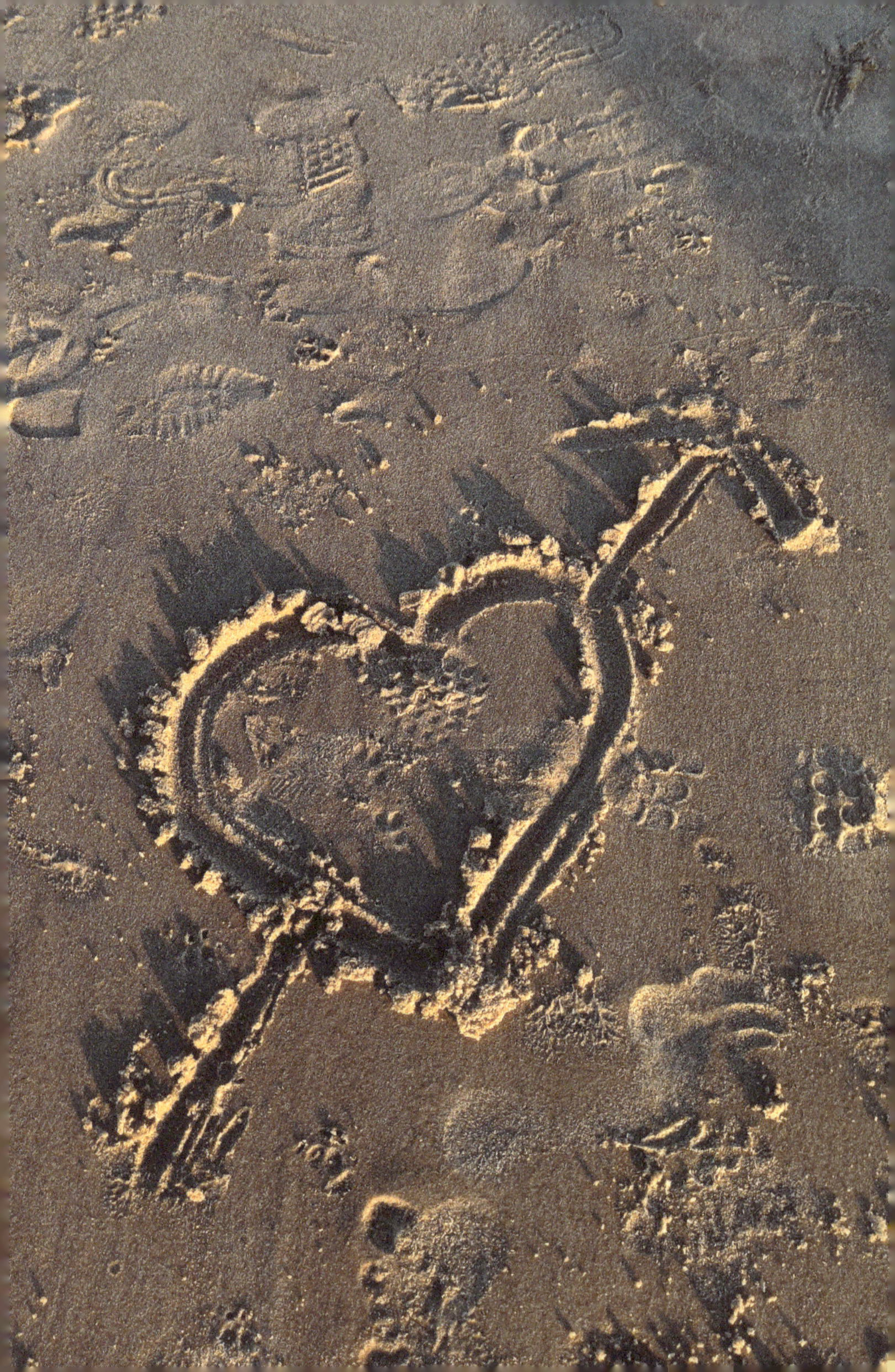

O Valor do Nada

Tantas odes,
Tantas palavras bonitas,
Tantos elogios dedicados ao Amor
e,
no entanto,
ele não passa de um singelo copo de água,
banal.

Só quem nos quer encontrar no meio do deserto sabe o seu valor.

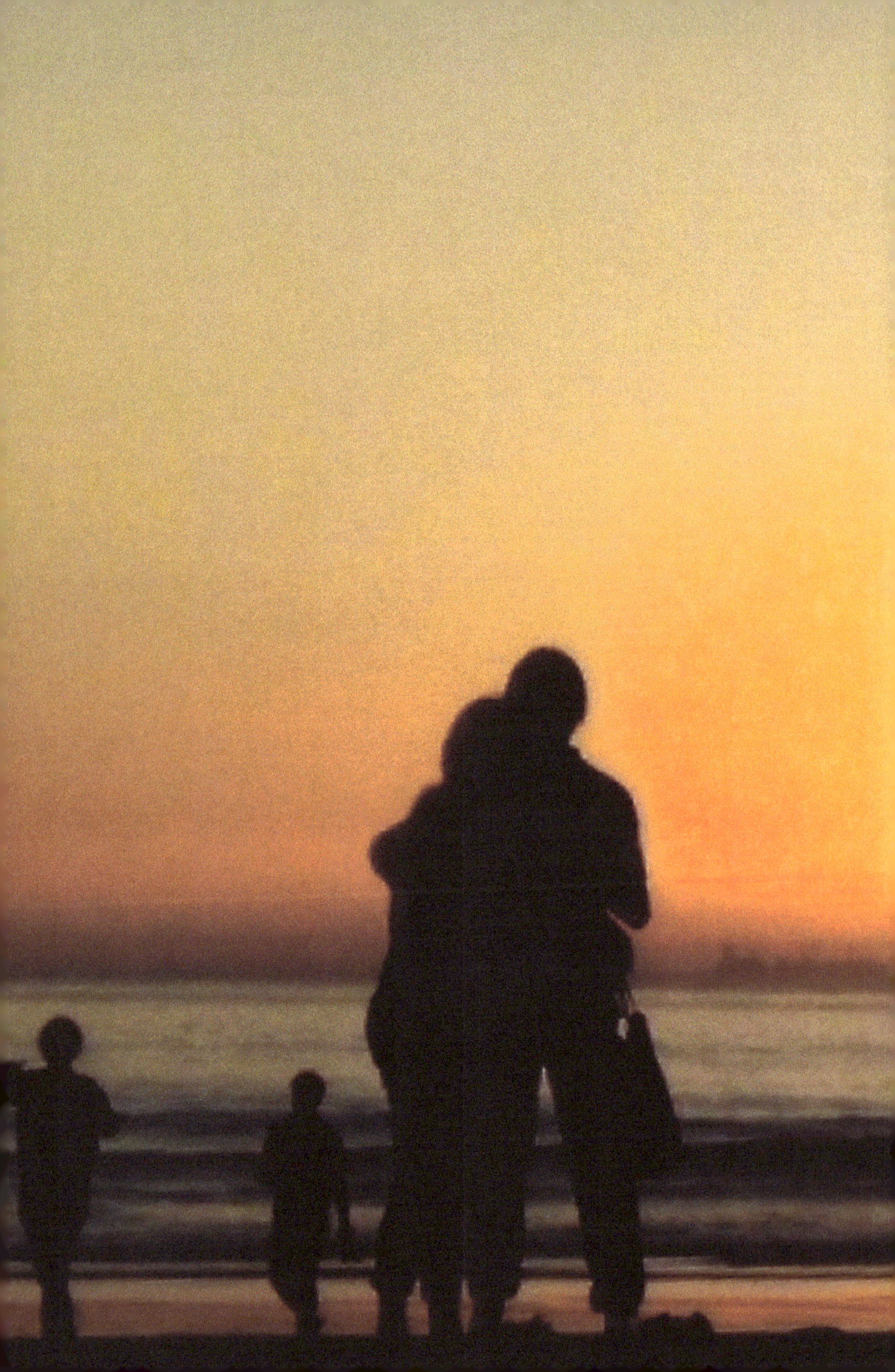

Inferno

Gritos,
Tortura,
Agonia,
Dor,
de mil e uma formas pintaram o Inferno.

Nenhuma tão cruel,
quanto a impossibilidade de sussurrarmos à nossa amada...

"Amo-te".

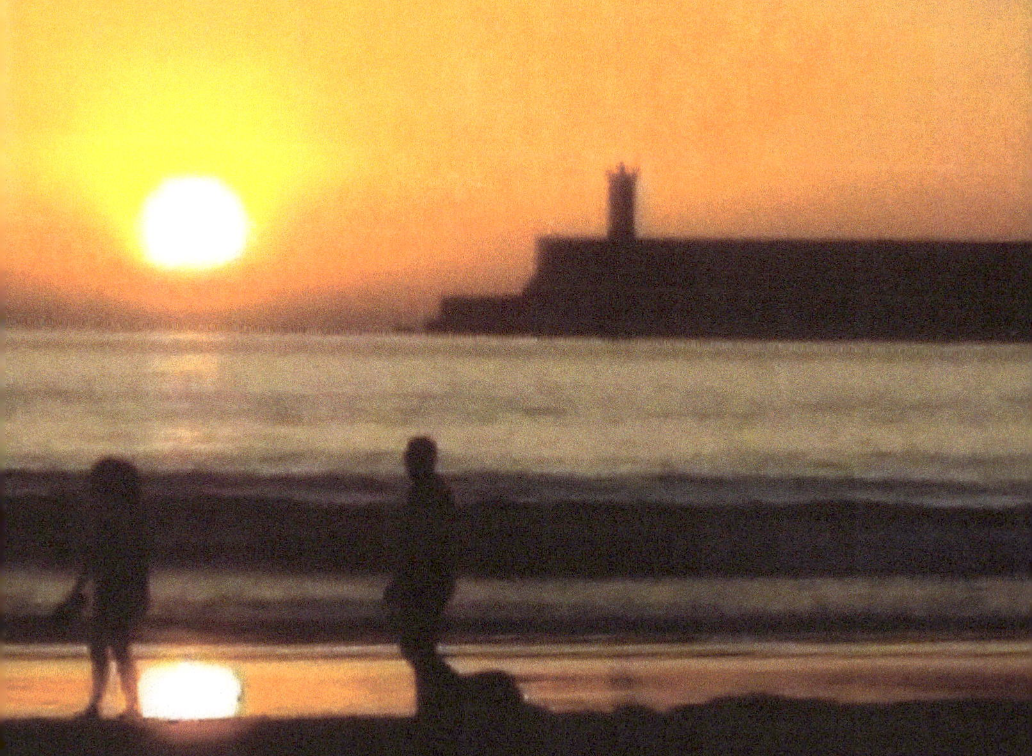

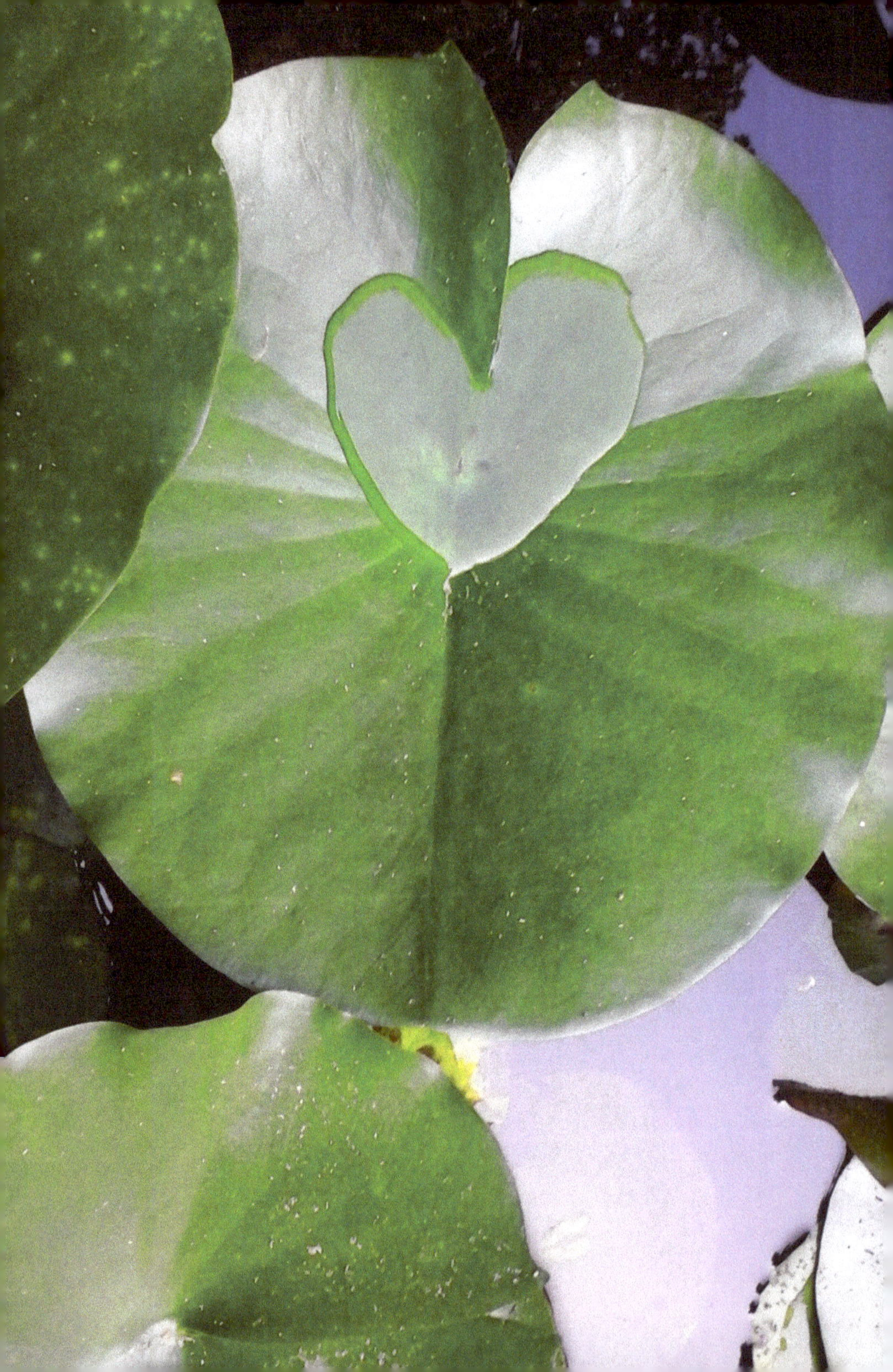

AMOR E DOR

Irmãos gémeos.

Inseparáveis!

O primeiro abraça-nos, afaga-nos, enche-nos o coração de sonhos e felicidade.

A segunda nunca nos abandona quando o seu gémeo se vai.

Sempre lá, presente, intensa, agarrando-nos junto a ela, quando de ar precisamos.

Distópico, este Reino das Emoções.

A clamar pela racionalidade.

Tão sábios e simples conselhos tem ela para nos oferecer.

Por que raio estar a leiloar Amor a quem não o está disposto a aceitar?

Quem se lembraria de vender sal a um náufrago?

Areia no meio do deserto?

Suculentos bifes a um vegetariano?

Amor é o Bem mais volátil da Humanidade!

Para uns, não haverá tesouro na Terra capaz de o igualar.

Para outros, apenas um amontoado de entulho à espera de reciclagem.

Pelo primeiro, dei-lhe asas para voar livremente.

Com o segundo, convidei-o para dançar.

Bem apertado a mim.

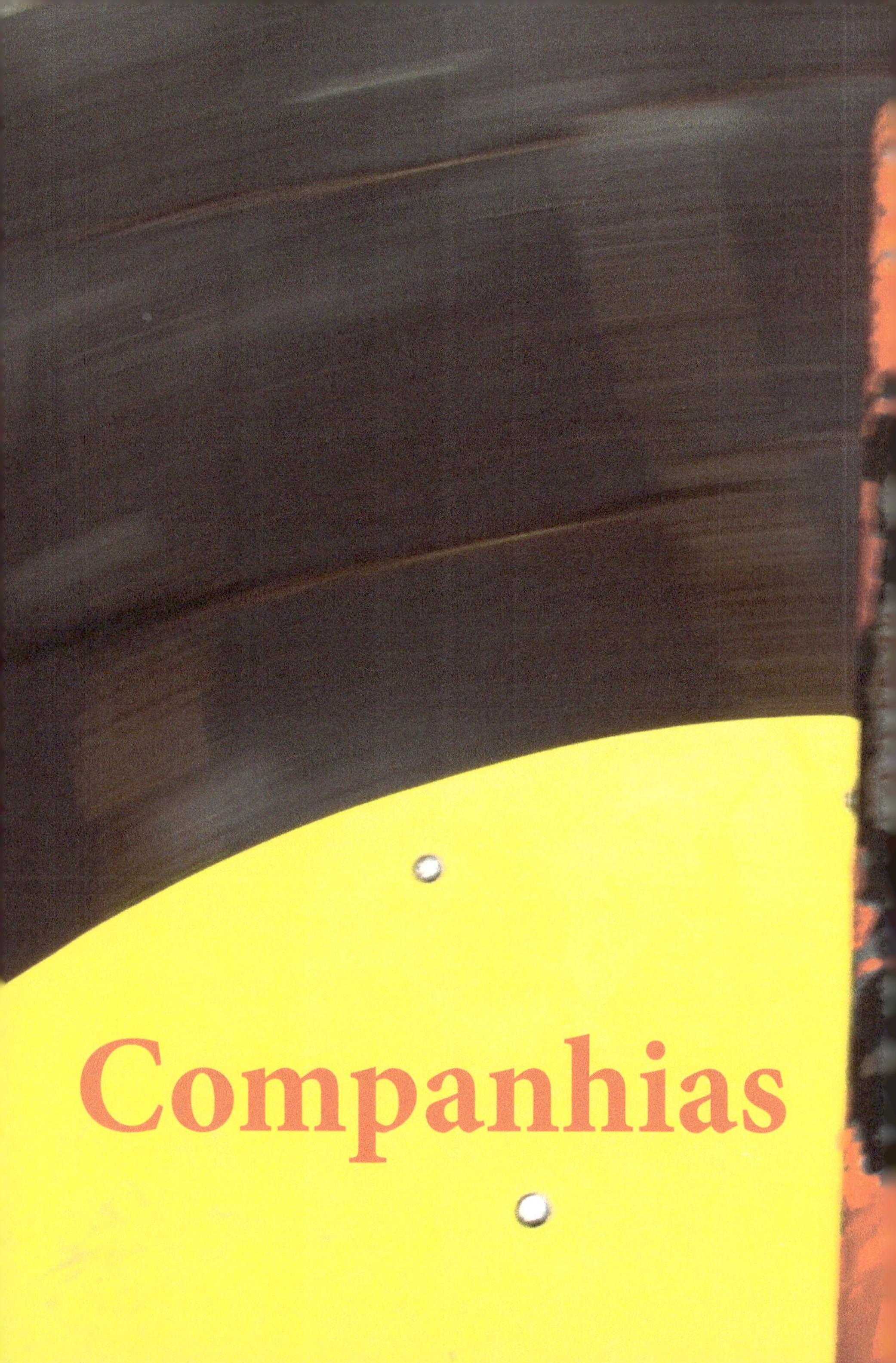

Companhias

Johnnie Walker.
Eristoff.
Valium.
Xanax.
Cocaína.
Heroína.
Uma faca?
Qual a melhor companhia para nos acarinhar neste momento?
A mais estúpida e perigosa delas todas!
Falar com metade da Humanidade.
Por falar.
Por companhia.
Por distração.
Por... tudo e mais alguma coisa.
Tudo o que me faça esquecer o quanto a amo...

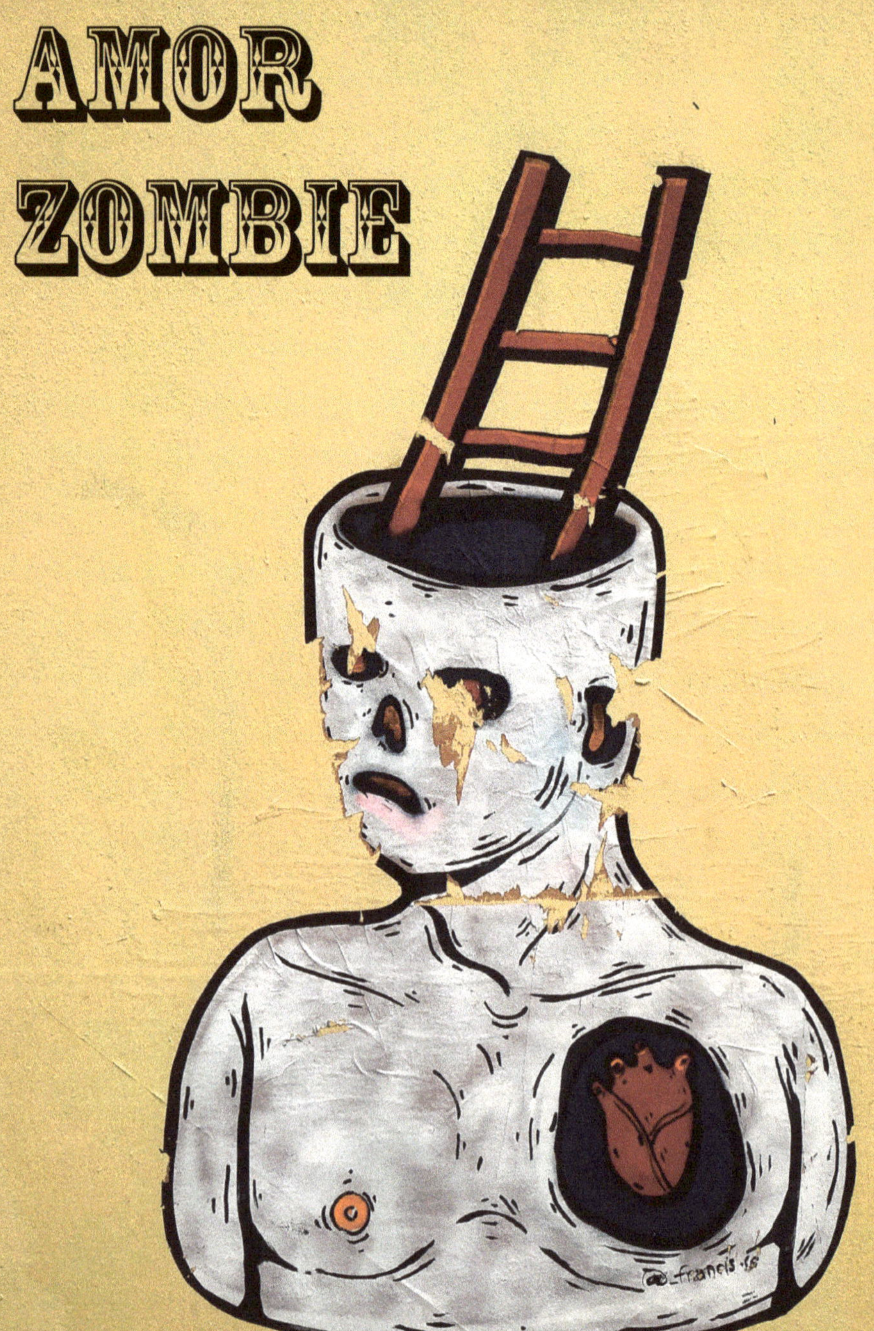

AMOR
ZOMBIE

Tão na moda andam os filmes e séries *zombies* por aí.

Para manter a atualidade e juntar umas achas à fogueira,
lembrei-me de um novo conceito.

O Amor *Zombie*.

Não é isso que ele é?

Algo a que fazemos o luto, pretendemos que esteja morto,
que nunca o iremos ver...

... e no entanto cruzámo-nos com ele na rua.

No meu caso, para verdadeiro *rating* de maiores de 18 anos,
ela até é minha vizinha!

Como podemos fazer nós o luto de algo que anda pela rua,

Que vive,

Bem próximo de nós!

Bem que tento ver filmes, e filmes, e filmes de terror.

Mas nenhum é tão assustador como a realidade.

Ela vive.

Nos meus sonhos.

No meu pensamento.

Em todos os minutos da minha existência.

Para quê ter medo de *zombies*, lobisomens ou vampiros, quando o Amor é
o maior monstro de todos.

Aquele que nos tira o sono e tememos.

Aquele que nos aterroriza.

Só quem não ama, não sabe o quê é ser perseguido por ele.

E ter medo.

Muito medo.

Que um dia... ele se vá e nos assombre... para sempre!

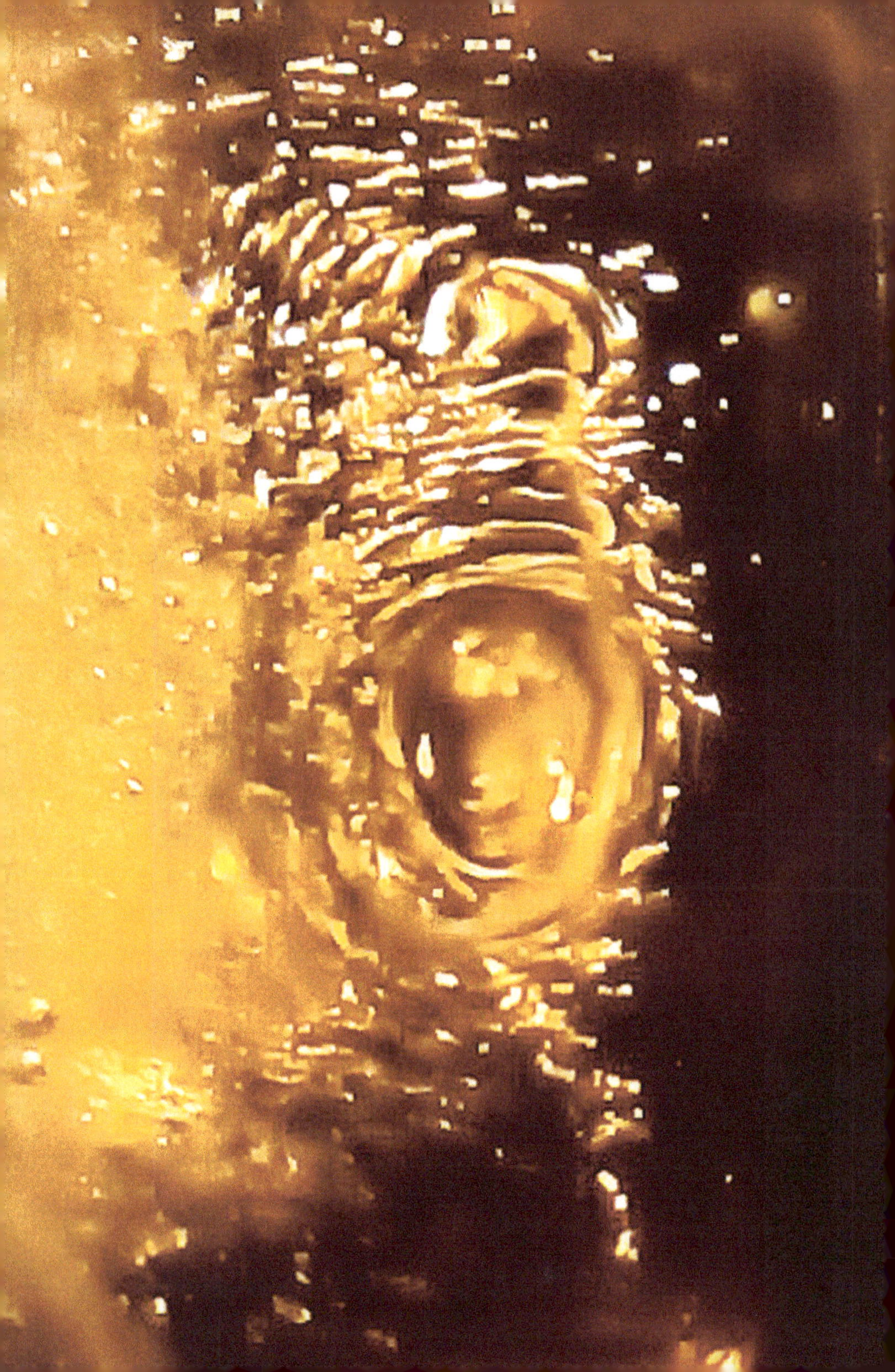

Embriaguez

Álcool,
Muito álcool.
Seria a cura perfeita, caso resolvesse algo.
Mas não resolve!
Não há dinheiro que chegue para a quantidade de álcool necessário para a
esquecer.
Apenas o suficiente para rir, brincar, dançar, cantar, viver.
Sempre sem ela...
Como bom jogador, apostei na mágoa. Aposta certeira e garantia de lucro.
Ganha-se tempo.
Ganham-se desculpas.
Ganham-se propósitos.
Ganham-se miragens.
Perde-se o sorriso!
Embriaguez...
A melhor companhia para continuar.
A lutar.
A pretender ser feliz.
Quando a felicidade já passamos por ela.
Já a sentimos.
Já a vivemos.
Embriaguez...
Sempre útil para esquecer o passado e acordar com o futuro a sorrir para nós.
Como queria ser sóbrio!

SONHOS
SÃO PESADELOS
PARA QUEM
NÃO PODE TÊ-LO

@GIN_WHH

SEM
CRU

Y-WATER

Porra!

Tantos caminhos...
Algumas relações.
Mais paixões.
E finalmente encontrei a tal.
A minha amada.
Sabem porquê?
Porque quando amamos, não lhe queremos mal.
Só o bem.
Só a sua felicidade.
Mesmo que arda.
Doa.
Soframos.
Queremos desabafar, dizer-lhe, culpar, mostrar-
-lhe todo este fogo que nos arde por dentro, que
nos consome, que nos mata aos poucos, que nos
destrói. Mas por muito que definhemos,
queremos que ela esteja bem. Sempre bem.

Bela. Feliz. Intocável.
Tão cruel o Amor, não é?
Uma eterna maldição.
Que nos deixa viver, sem que no entanto
consigamos viver a vida. Só sobreviver... Sem ela.
Que péssimo conselheiro me tornei.
Que horrível conselho este que vos dou.
O deixar ir.
Por amor.
Dói demais, não é?
O que se pode fazer?
Destruirmo-nos em súplicas que só nos
desvalorizam. Nos tornam menores, miseráveis,
nulidades.
Não!
Não podemos!

Triste consolo este.
Para nós.
Por ela.
Para que ela se sinta livre, que nos recorde com
um leve sorriso dos momentos de felicidade
que lhe proporcionámos. Os nossos momentos.
Para sempre únicos.
É alguma coisa.
Muito pouca.
Ainda assim, alguma...
Uma tábua para a nossa estima, para que nos
possamos olhar no espelho e orgulharmo-nos
de quem se apresenta à nossa frente.

Um moribundo.
Um moribundo vivo.
Dói.

Porra!
Muito álcool.
Seria a cura perfeita, caso resolvesse algo.
Mas não resolve!
Como bom jogador, apostei na mágoa.
Aposta certeira e garantia de lucro.
Ganha-se tempo.
Ganham-se desculpas.
Ganham-se propósitos.
Ganham-se miragens.
Perde-se o sorriso!
Embriaguez...
A melhor companhia para continuar.
A lutar.
A pretender ser feliz.

HOJE É
UM GRANDE
DIA PARA
VIVER !

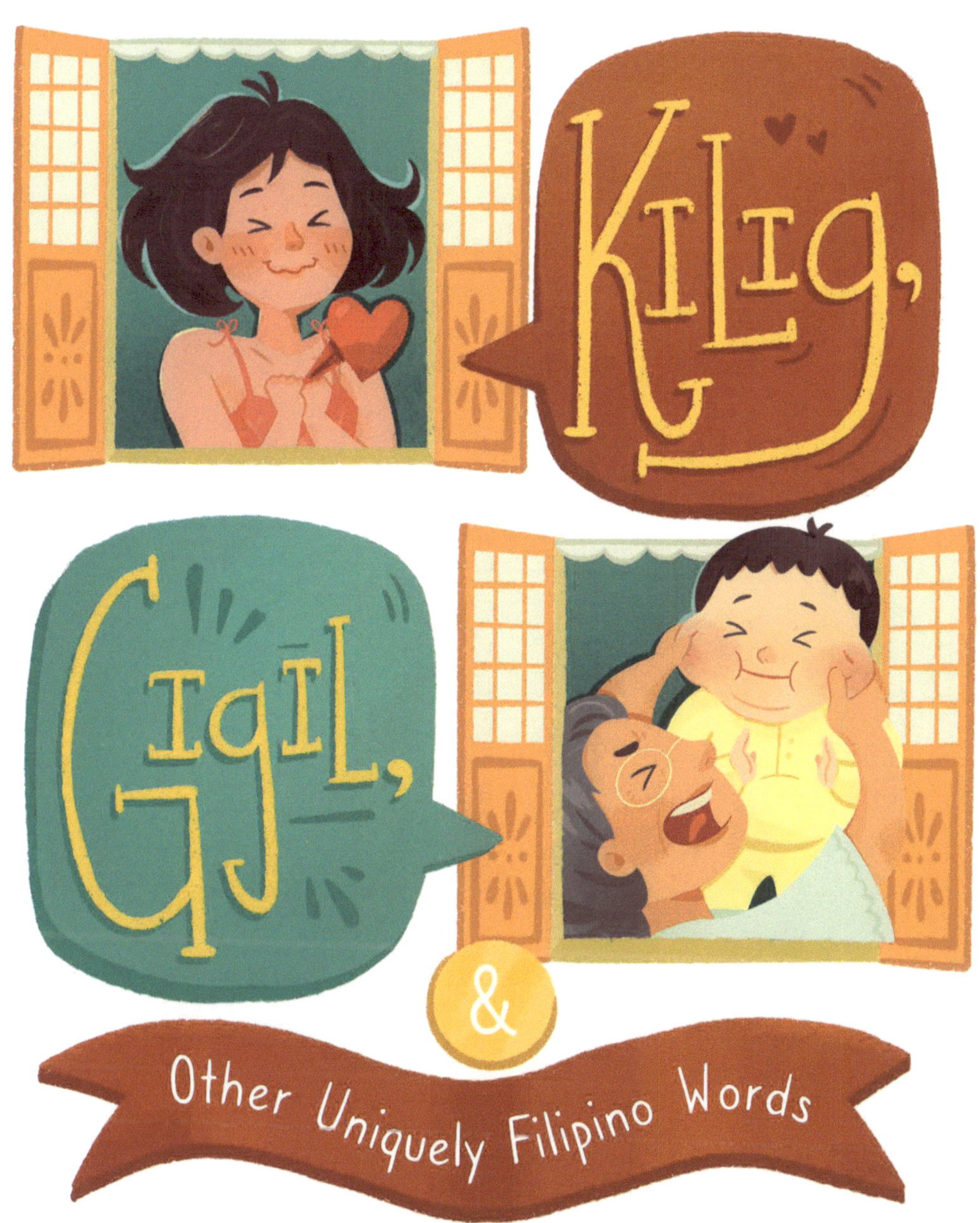

Written by
G.M. Reyes

Illustrated by
Kim Alexis Santiago

For Vera, the source of my Kilig.
For Tala & Elias, the source of my Gigil.

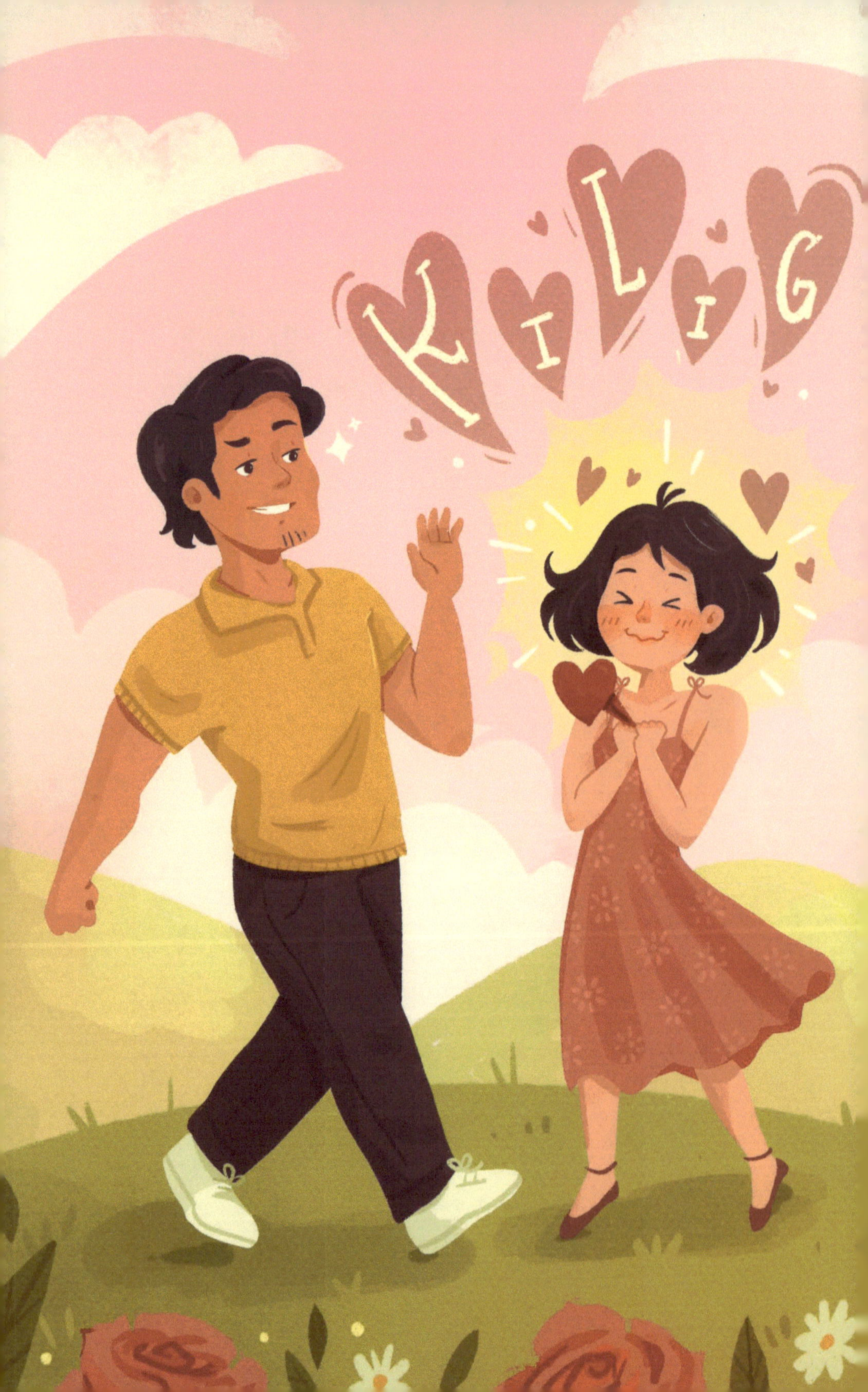

KILIG

Butterflies in your stomach,
your heart skips a beat

Your crush passes by,
you hope your eyes meet!

It's uncontrollable smiling,
there's no excitement
as big!

That's how it feels,
when you experience
KILIG!

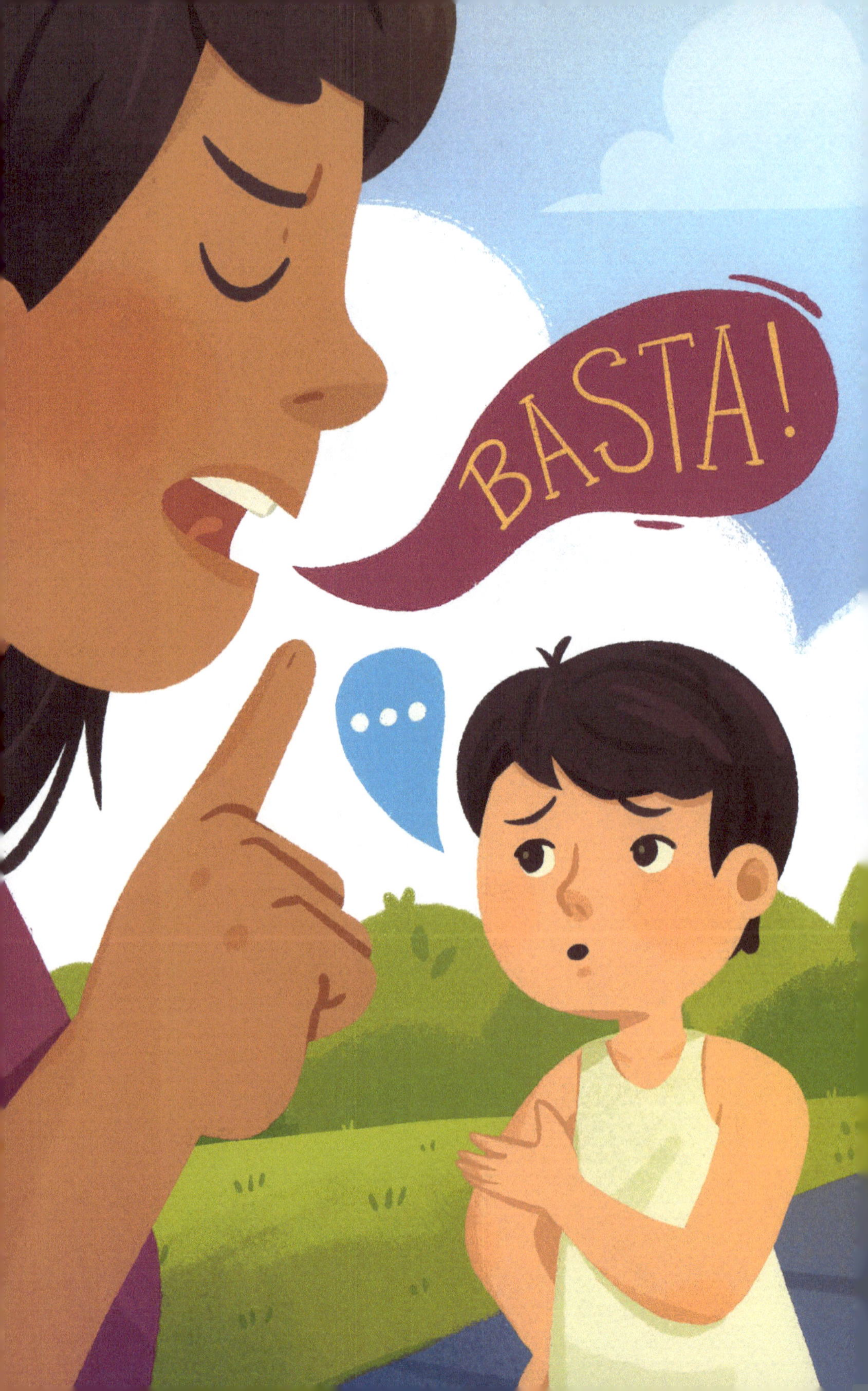
BASTA!

When you're having an argument and run out of things to say,

The word BASTA
is here to save the day!

This is a signal for the
other person to quit.

It means you're right,
they're wrong,
and that's the end of it!

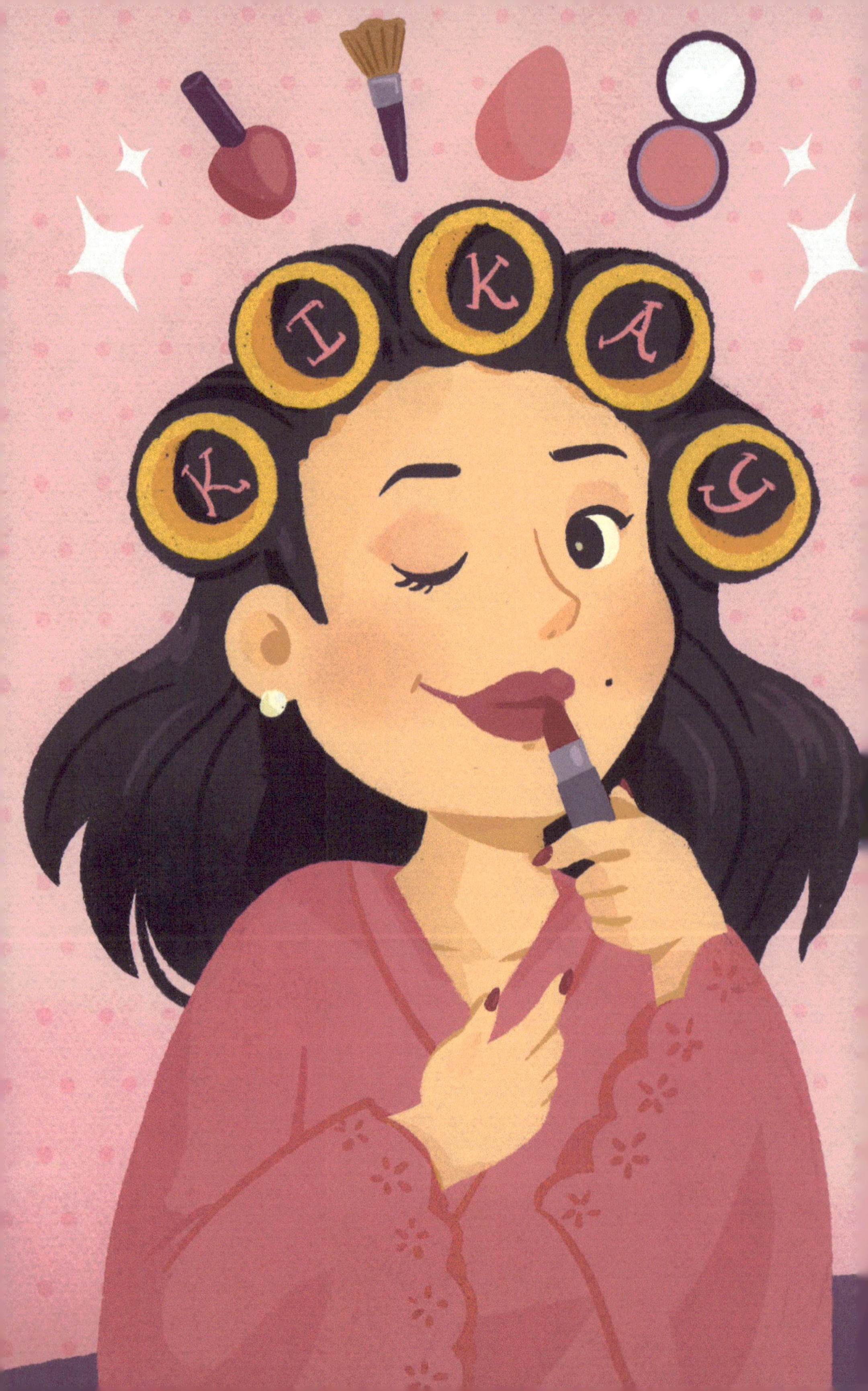
K
I
K
A
Y

KIKAY

is a word to
describe stylish girls.

They like to
fix their hair
with colors and curls!

Their makeup skills
are without
compare

They always know exactly what to wear!

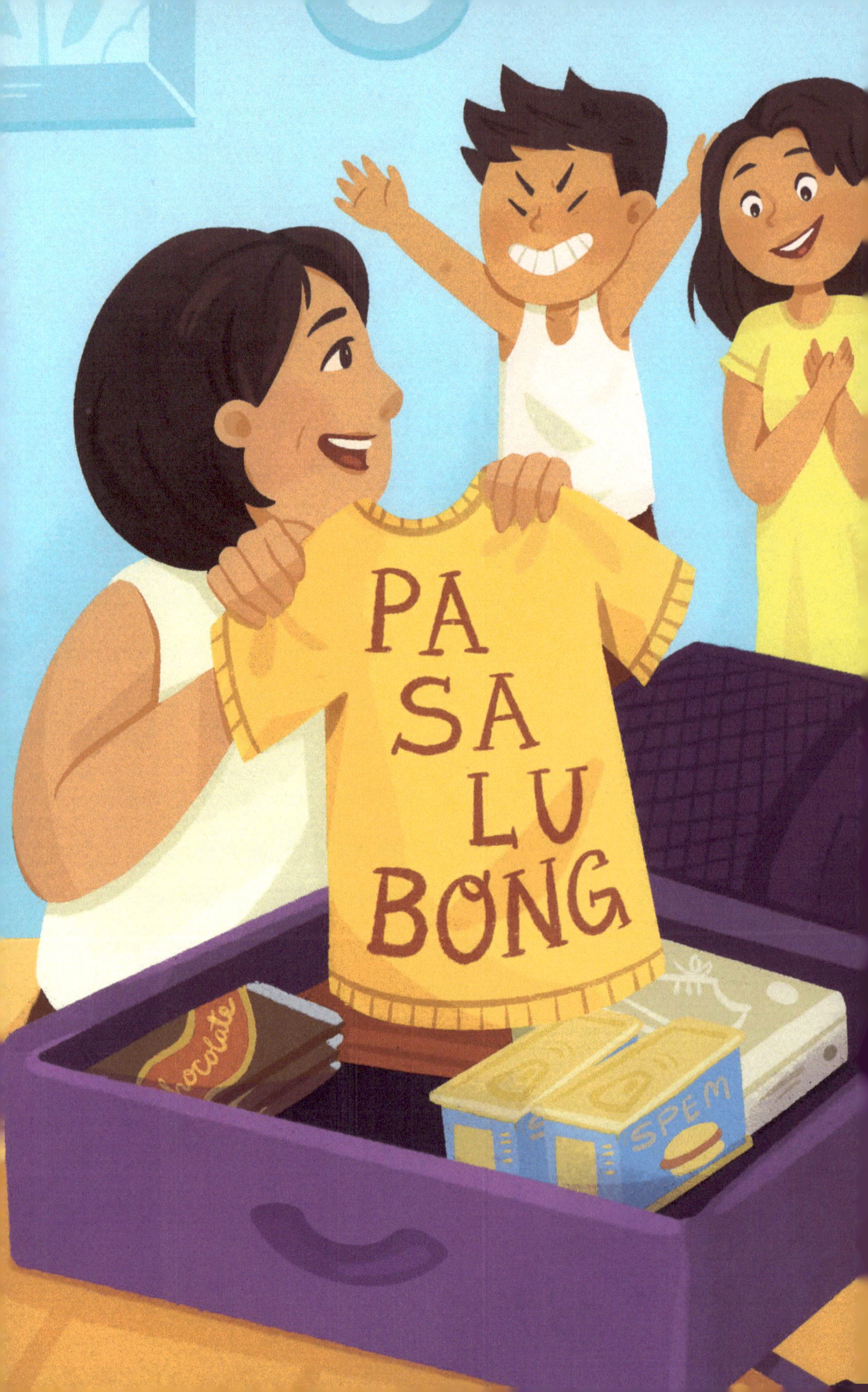
PA
SA
LU
BONG
chocolate
SPEM

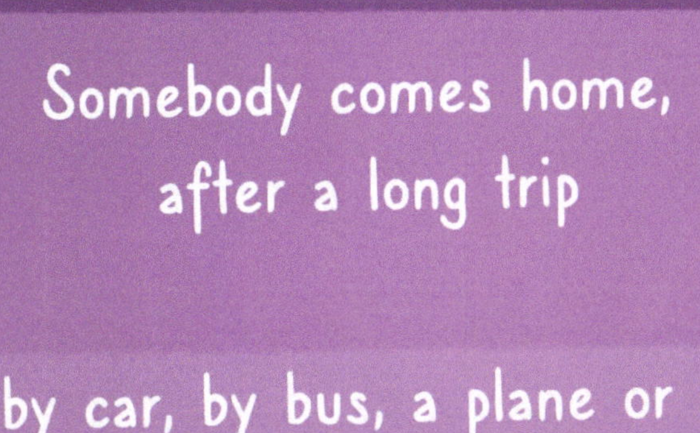

Somebody comes home,
after a long trip

Be it by car, by bus, a plane or a ship.

Chocolates or clothes,
they bring along

to give to loved ones as

PASALUBONG

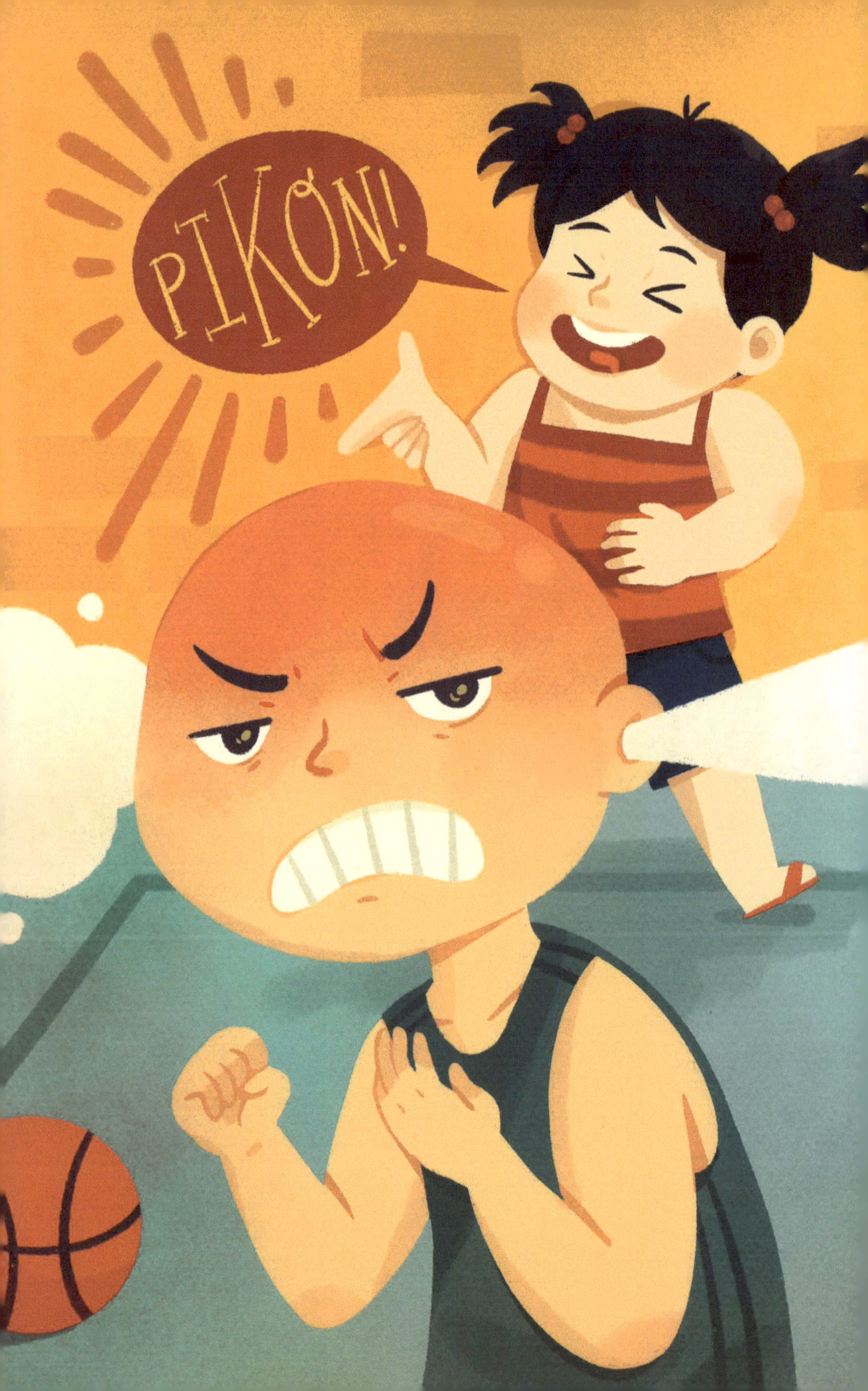
PIKON!

When someone can't
handle someone else teasing,

They turn into something
that's quite displeasing.

They grit their teeth
and their head gets hot.

Don't be PIKON
or you'll get picked on a lot!

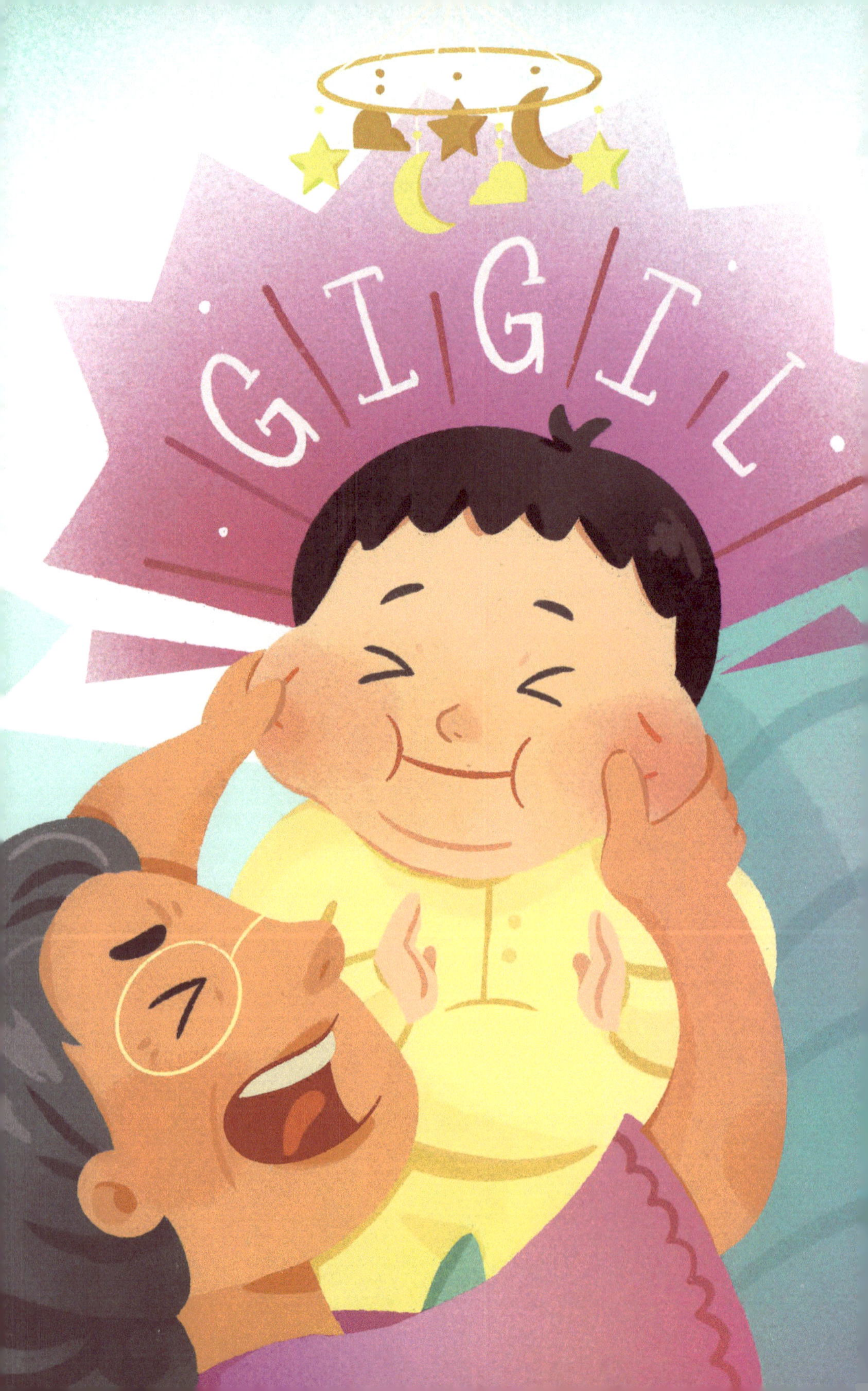

GIGIL

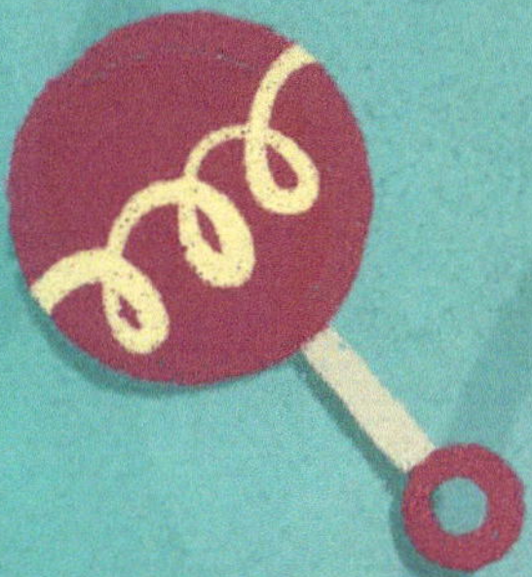

GIGIL is an emotion that's hard to repress
when you're faced with overwhelming cuteness

A baby, a puppy, or just chubby cheeks
You just want to hug and squeeze
until something squeaks!

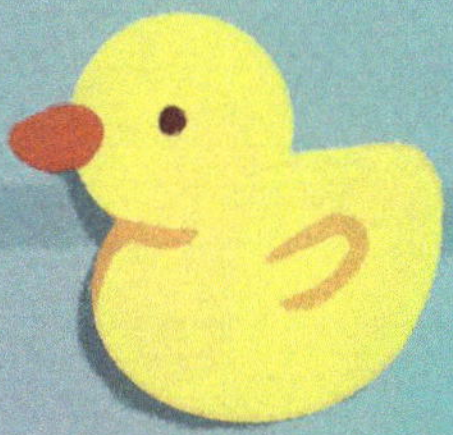

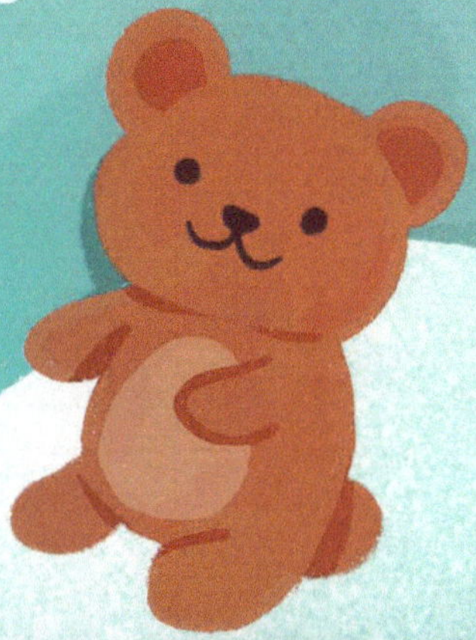

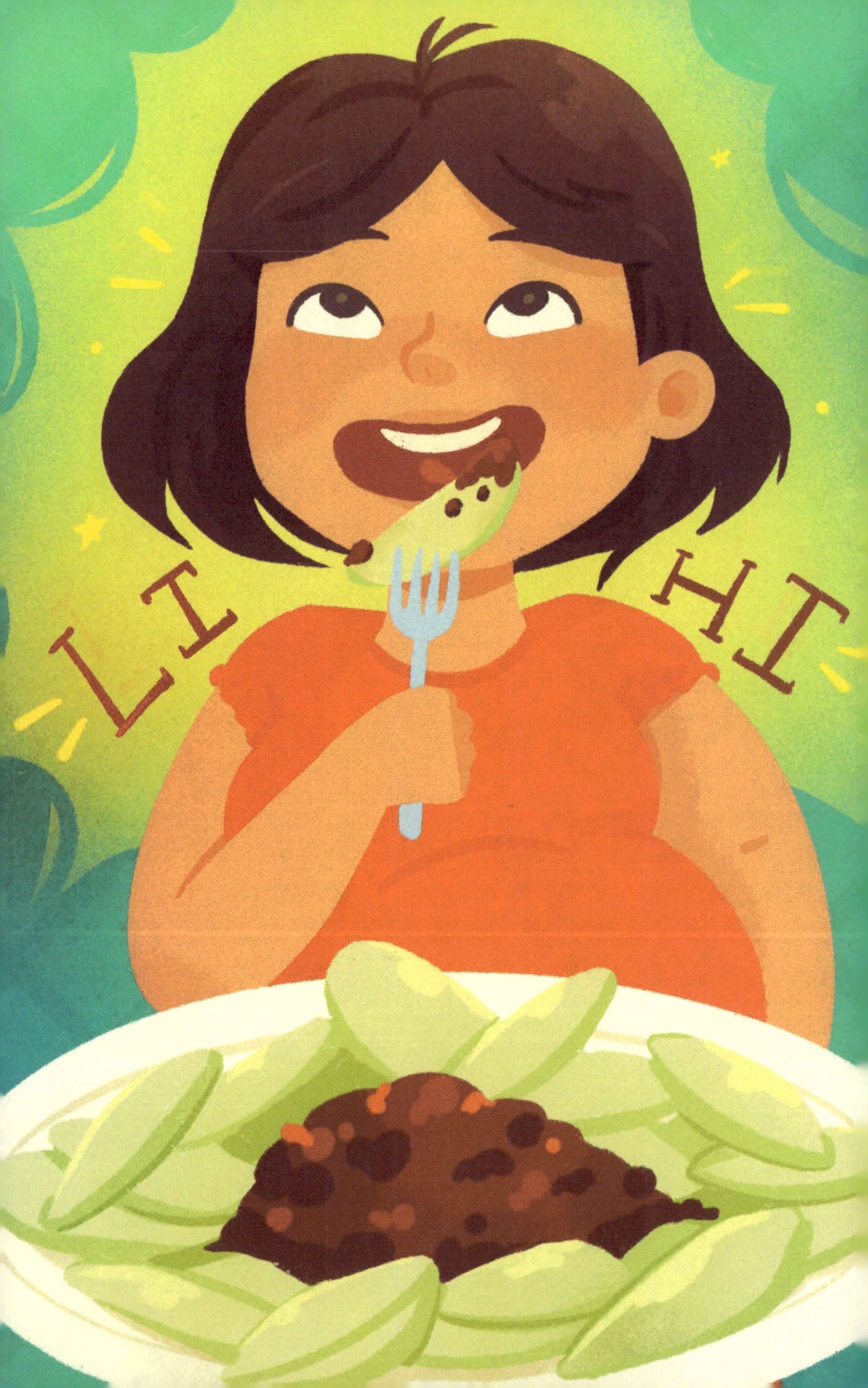

LI
HT

A pregnant woman has a craving that's specific

Like chocolate,
unripe mangoes
or an unhatched chick

This is called LIHI
and it's said that
it predicts

some of the unborn child's characteristics!

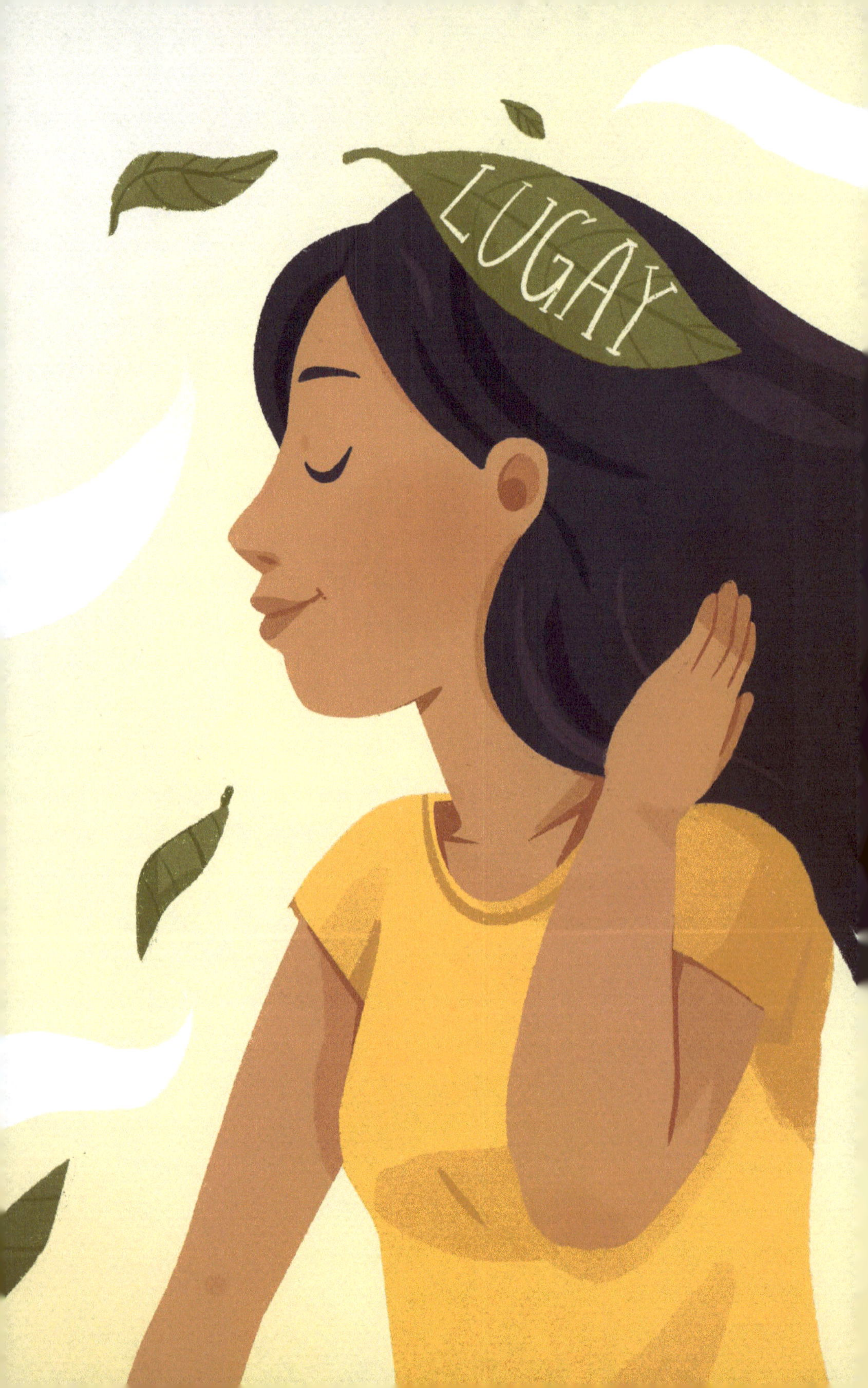
LUGAY

The traditional Filipina has long black hair.

LUGAY is when they're left bare.

No ribbons or clips or scrunchies or bands.

Just beautiful, free-flowing strands!

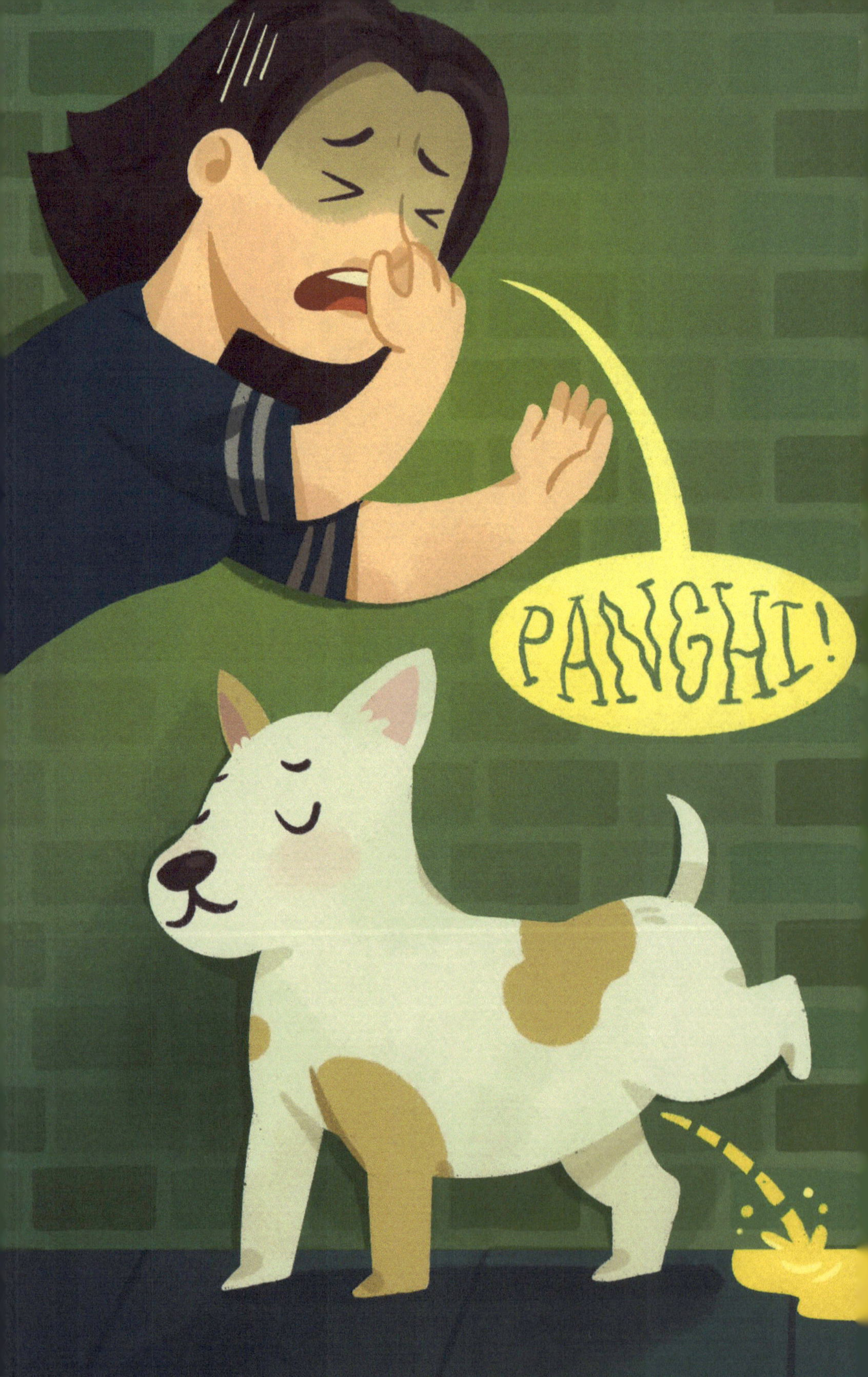
PANGHI!

You walk down the street and you
smell something foul!

Your face can't help but
turn into a scowl.

A little yellow puddle,
whose smell can be
described as
PANGHI

Left by a cute little dog,
who went
wee-wee!

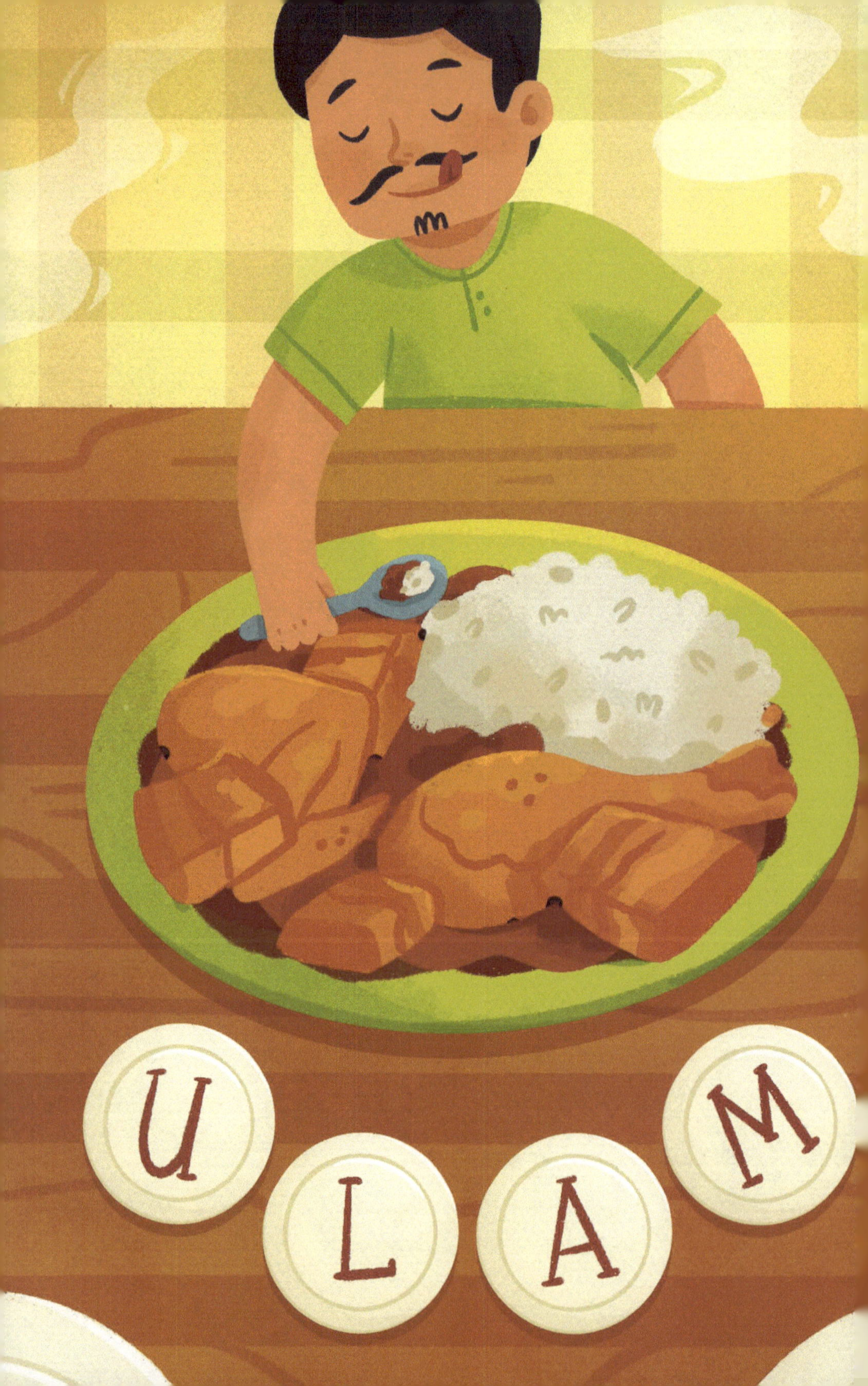

U L A M

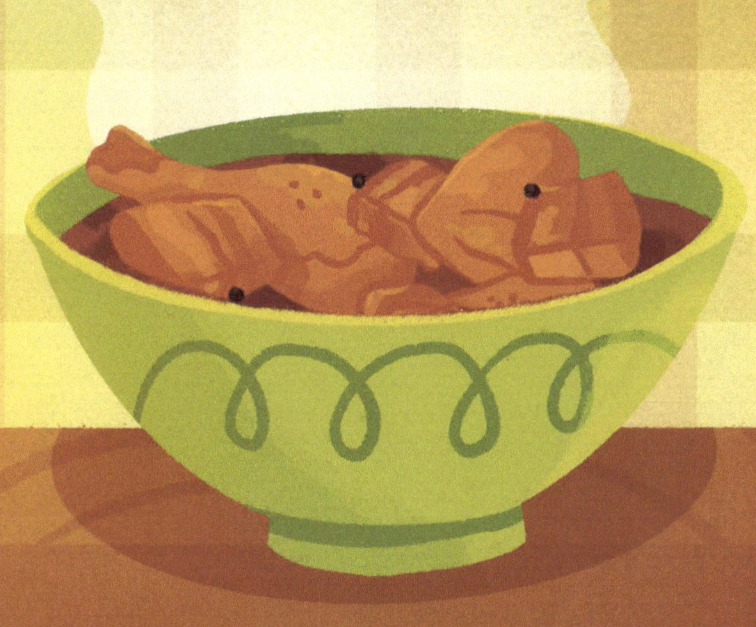

A traditional Filipino meal is always
dear to our hearts.

In order to prepare it
you need two different parts.

The first is rice, in a Filipino meal
there should always be some.

And the other is whatever isn't rice,
also called ULAM!

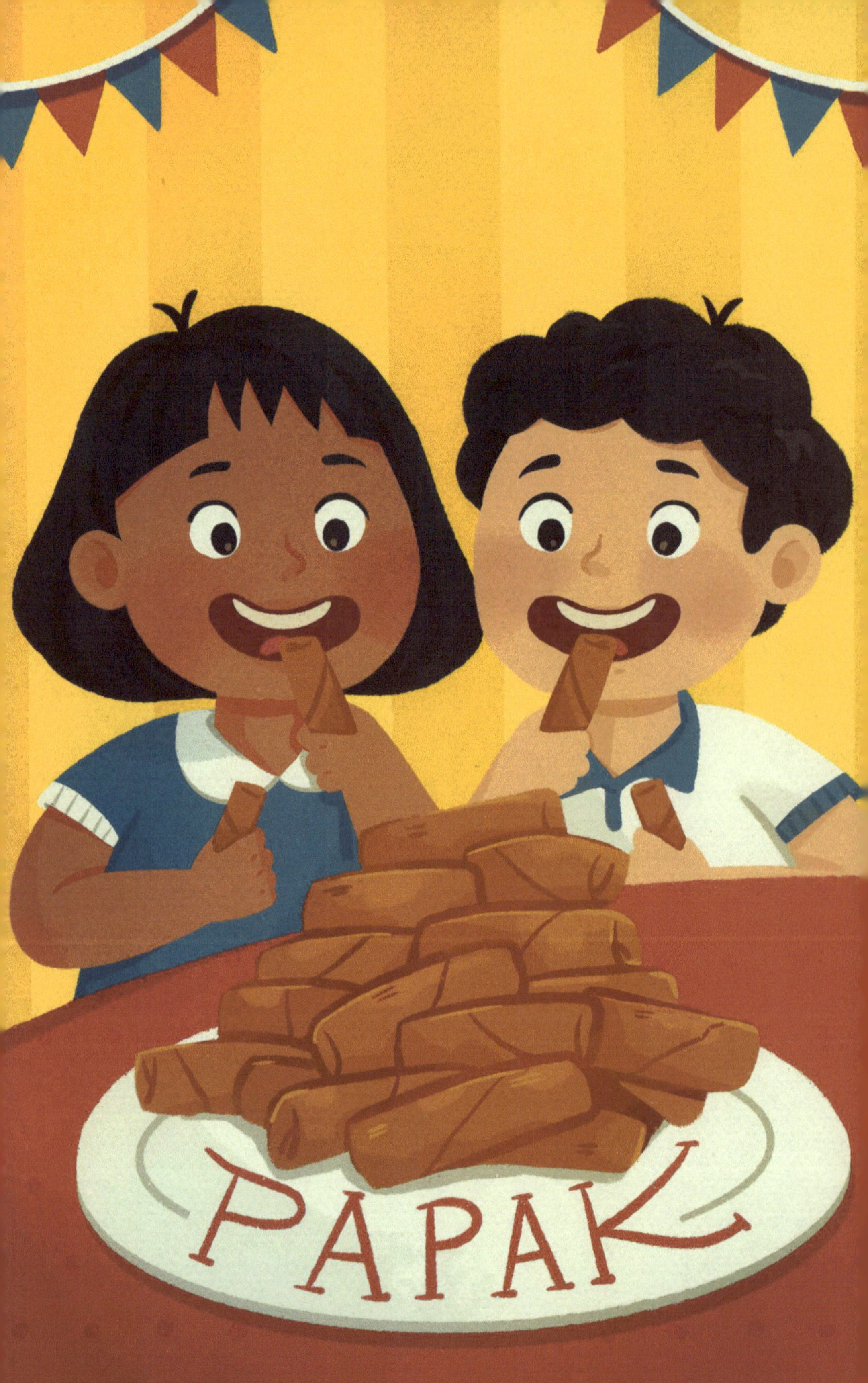
PAPAK

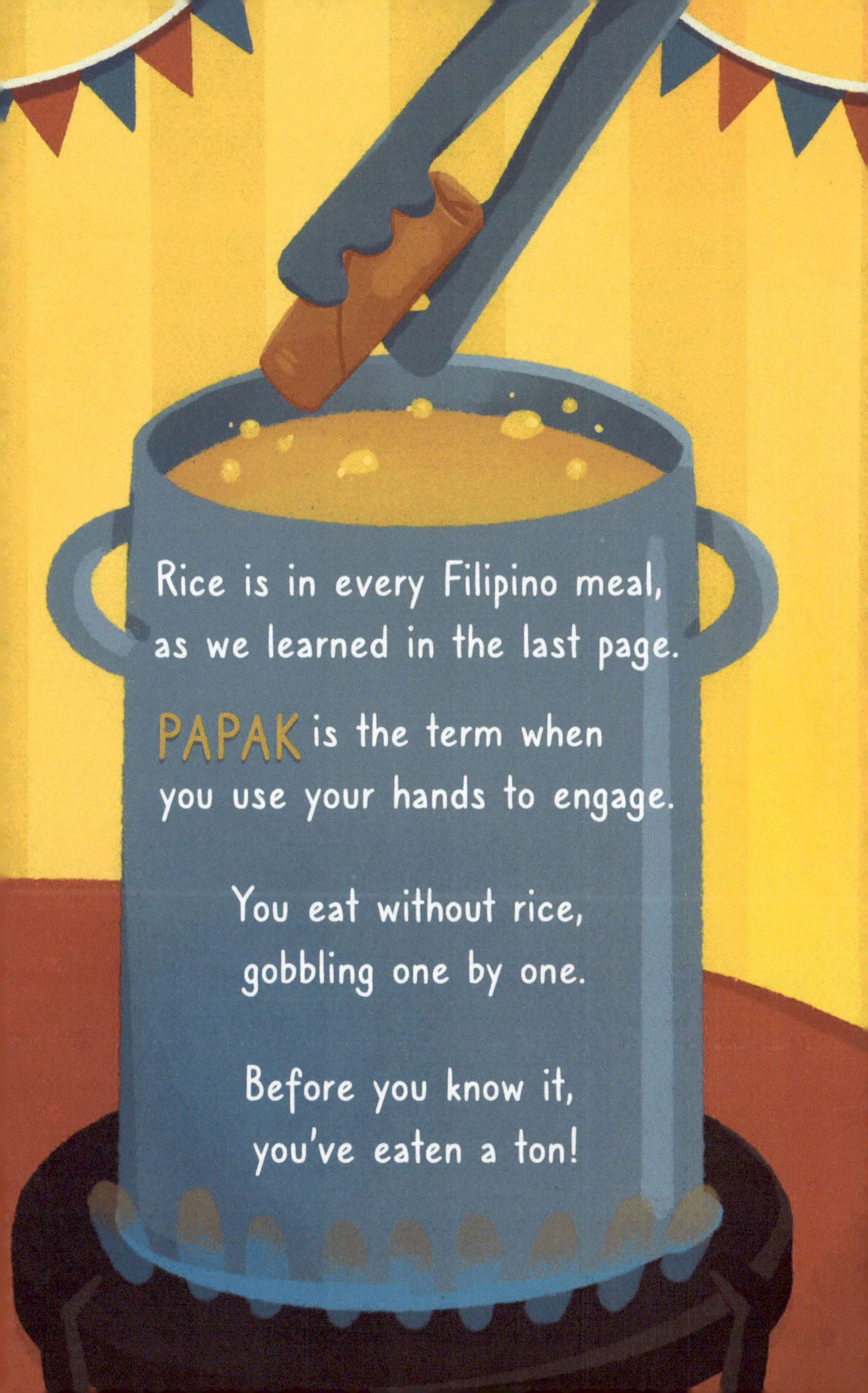

Rice is in every Filipino meal,
as we learned in the last page.

PAPAK is the term when
you use your hands to engage.

You eat without rice,
gobbling one by one.

Before you know it,
you've eaten a ton!

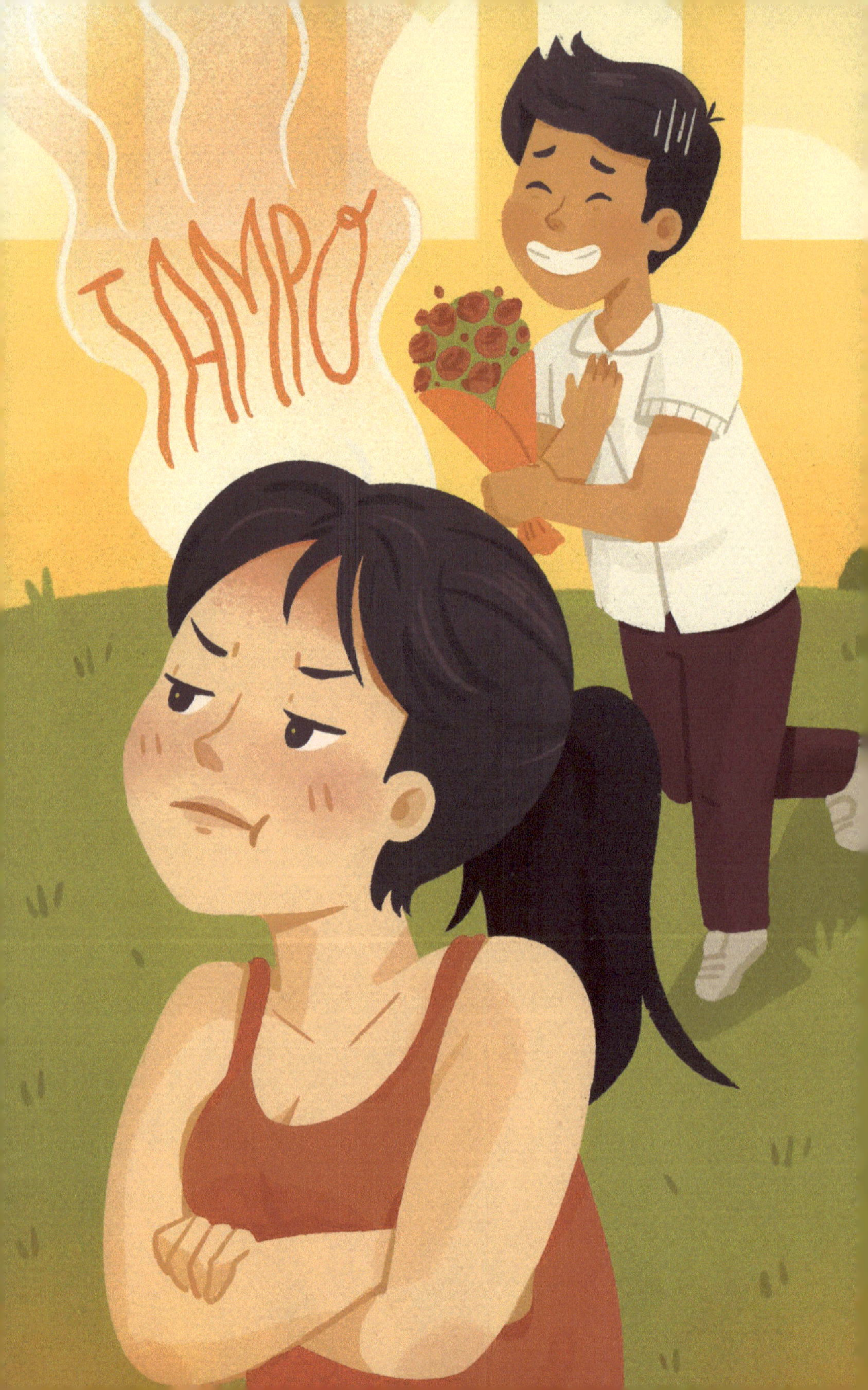

TAMPO

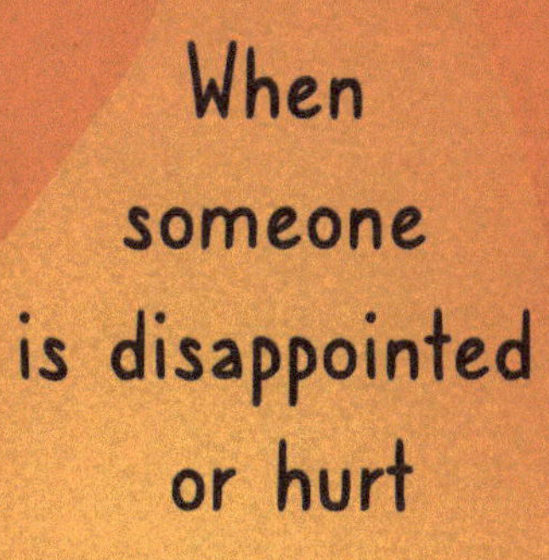

When
someone
is disappointed
or hurt

They then make
sure to make their
feelings overt!

They have a
permanent frown or
give you the cold shoulder.

In order to relieve their TAMPO
you have to win them over!

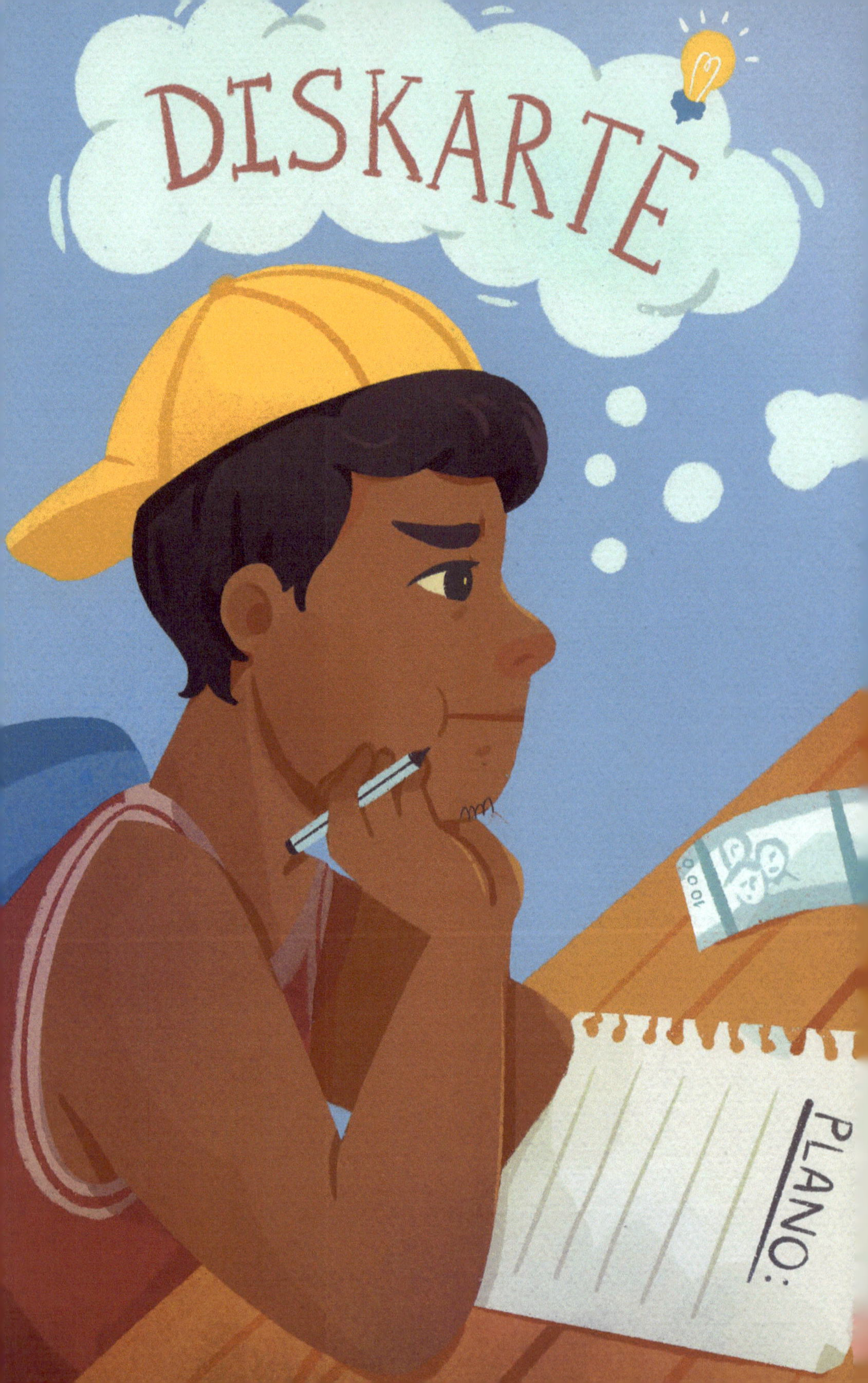

DISKARTE
PLANO:
1000

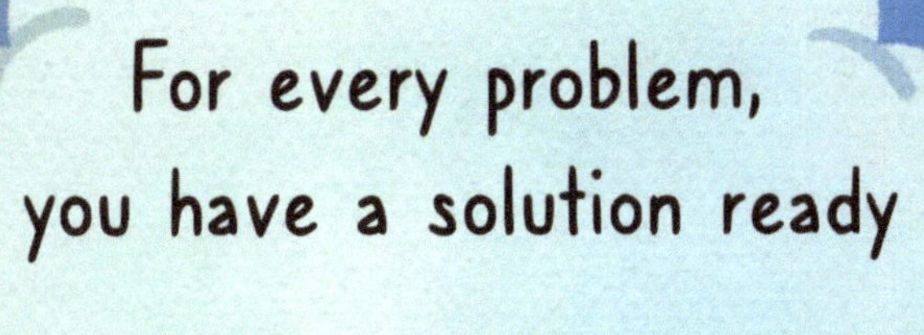

For every problem,
you have a solution ready

You face them head on,
calm and steady.

Your mind is sharp,
your thinking is fast.

When you have DISKARTE
nothing gets past.

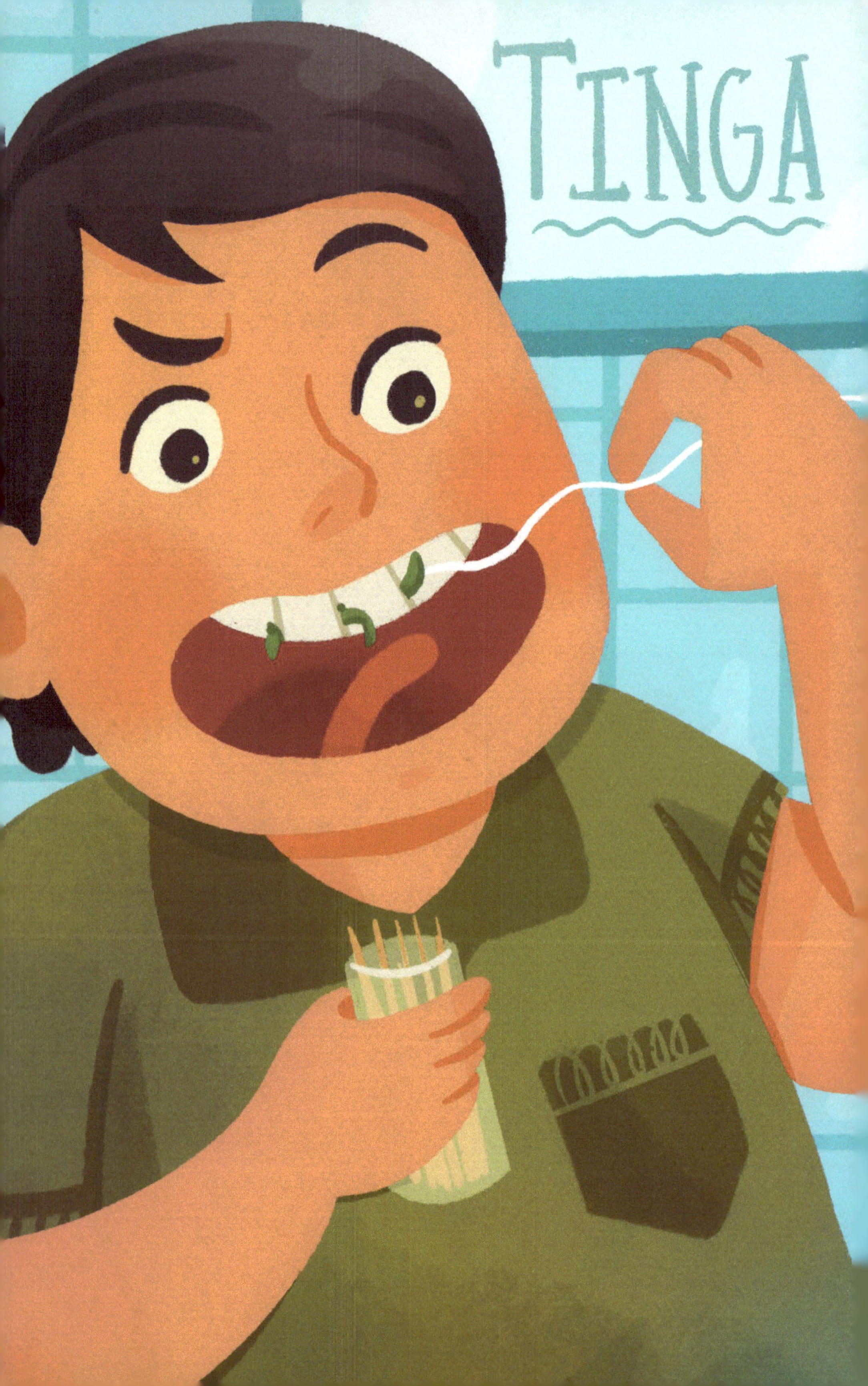

TINGA

The adobo was yummy,
you can't help but smile!

But on your teeth
you see something
that's vile!

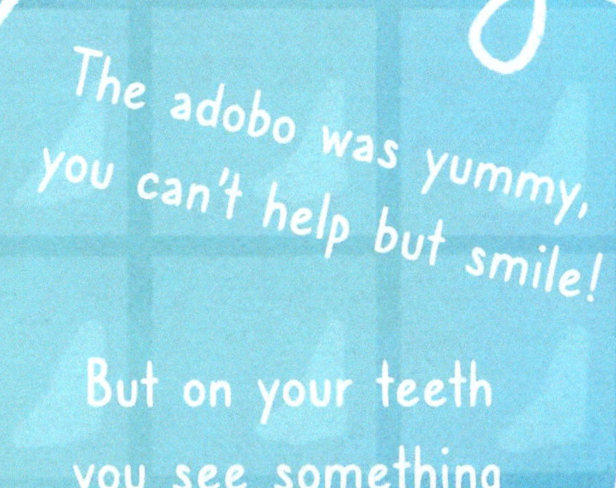

There's a piece of chicken
stuck in between!

This **TINGA** is nothing
that a little floss can't clean!

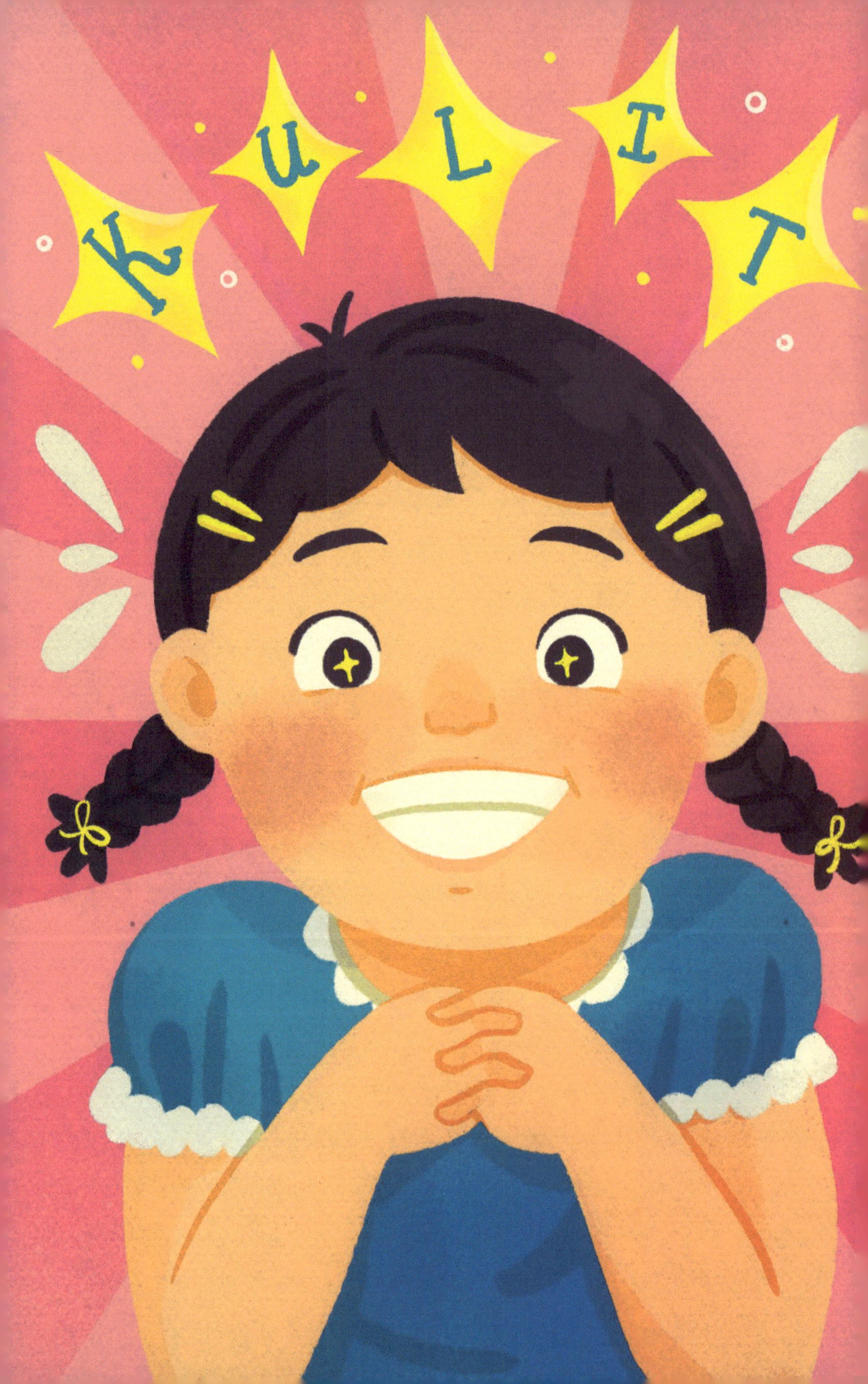
KULIT

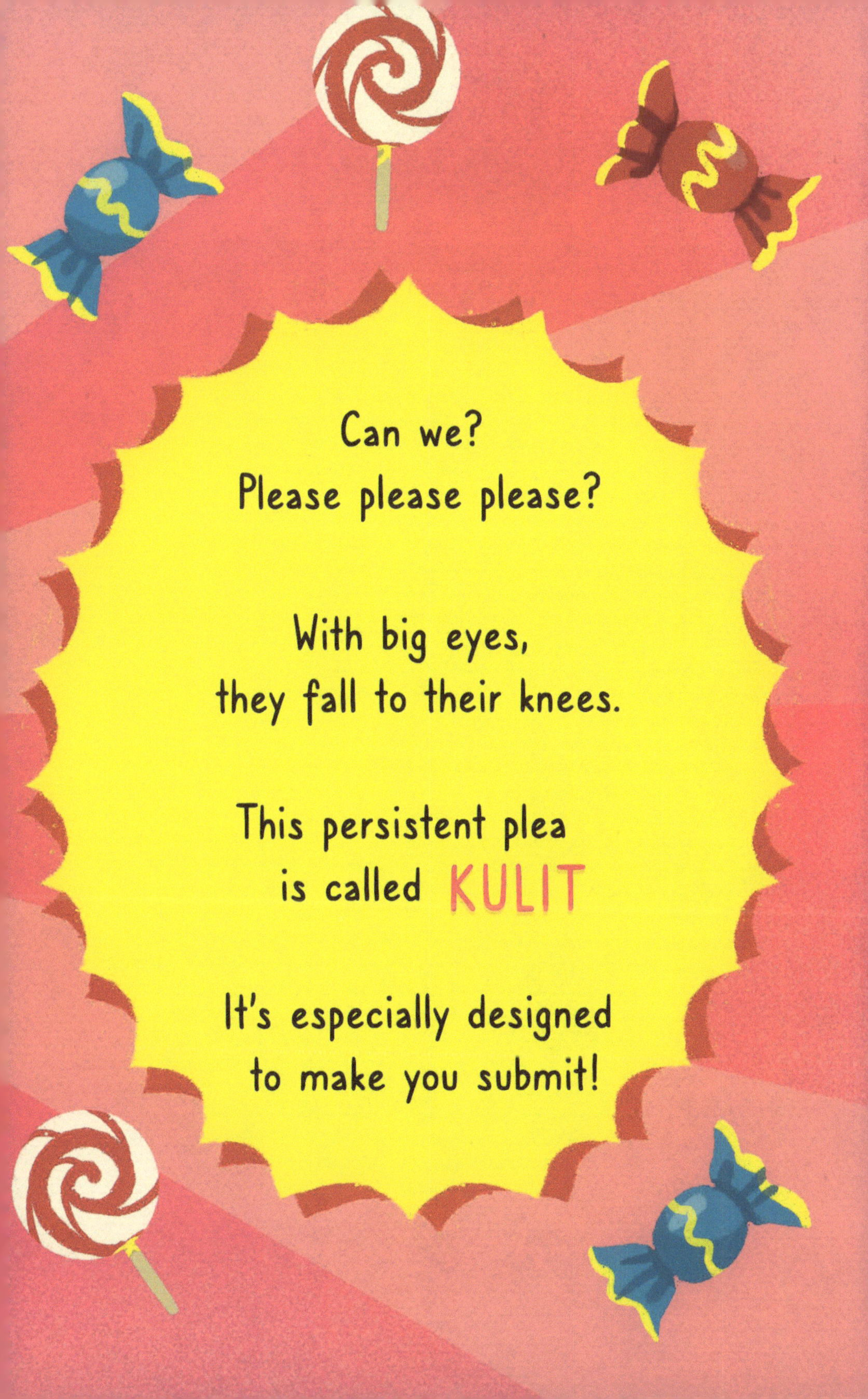

Can we?
Please please please?

With big eyes,
they fall to their knees.

This persistent plea
is called KULIT

It's especially designed
to make you submit!

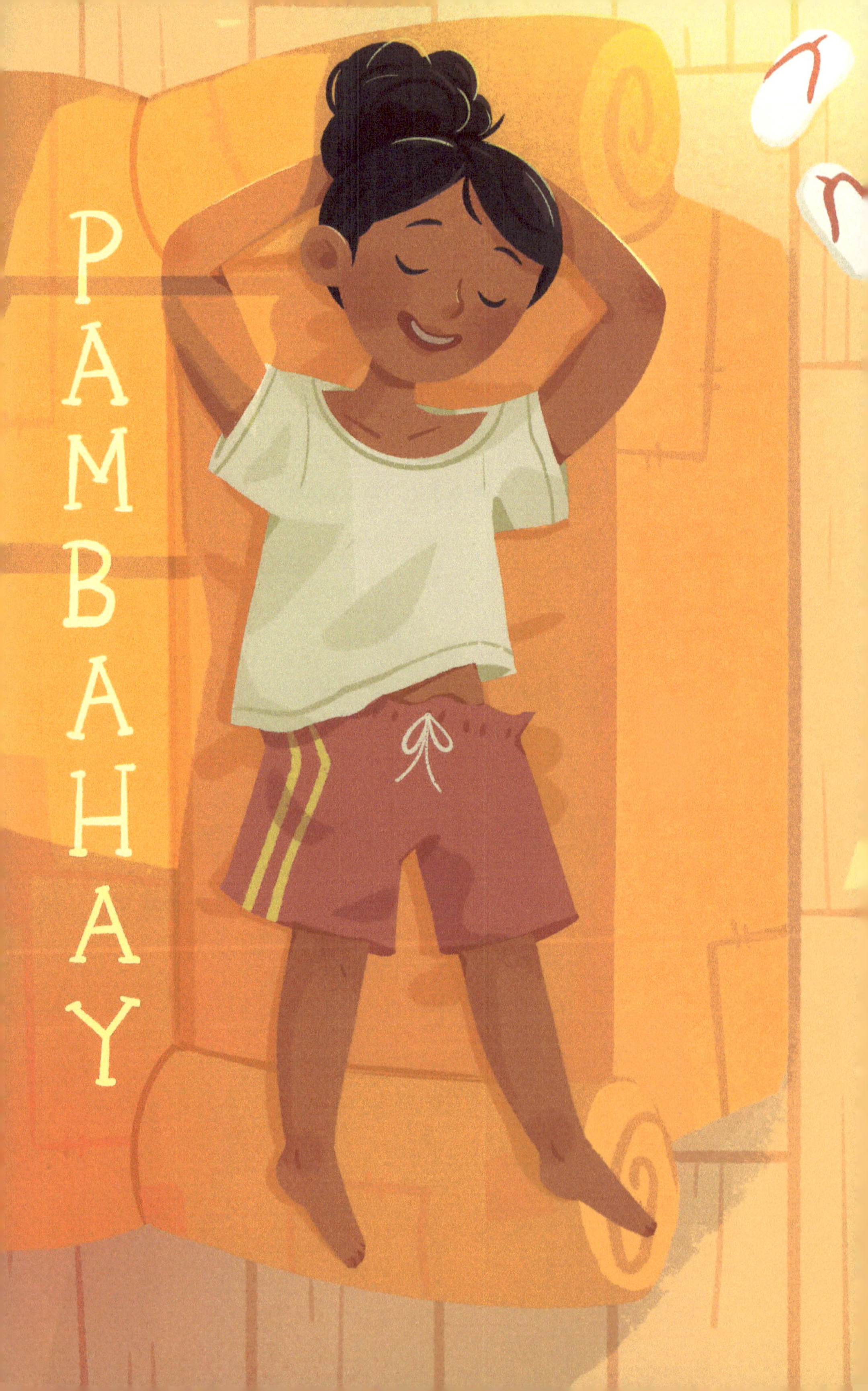
PAMBAHAY

At the end of the day
when you want to unwind,

There's a certain outfit
that comes to mind!

An old pair of shorts
and a loose shirt or blouse

This is called **PAMBAHAY**
which means "for the house"!

www.ingramcontent.com/pod-product-compliance
Lightning Source LLC
Chambersburg PA
CBHW040522120726

48010CB00006B/209